新編 生命の實相 第54巻

道場篇

弁道聴き書き

上

谷口雅春

Masaharu Taniguchi

光明思想社

編者はしがき

本書第五十四巻は「道場篇　弁道聴き書き」上巻であるが、その題名は、当時、東京の赤坂にあった生長の家本部道場での谷口雅春先生の講演後の聴講生との質疑応答のやりとりを本部関係者であろう人物が、「弁道」即ち師の語る「真理」と聴講者の問いとが織りなす「真理の現成《げんじょう》する世界」を文章に表現したという意味で付けられたものと思われる。

そのことを谷口雅春先生は本書の「はしがき」で次のように述べられている。

「『弁道聴き書き』は、親鸞聖人《しんらんしょうにん》の日常の語録を唯円坊《ゆいえんぼう》が聴き書きして編纂《へんさん》した『歎《たん》異鈔《にしょう》』に似ている。それは東京赤坂にわたしの道場があったときに側近者が書きとめておいてくれたものである。そのころ、赤坂の道場には花嫁学校が兼営《けんえい》されていて、わたしは毎日そこへ講義に行って花嫁学校の生徒への講義を公開していたから、信者も一般の人たちもそれを一緒に傍聴し、講義が終わったあとで、病気のある人や、質問のある人は前へ出て質問したり、相談したりするのに答えていたものである」

おそらく「側近者」が書いた文章に谷口雅春先生が大幅に手を加えられたと思われるが、本書には様々な質問や相談事が取り上げられている。

本書冒頭の質問で「自分は真宗信者であるが、突然の自動車事故で『南無阿弥陀仏』と念仏を称えられない場合は極楽往生できないのか」と不安に思うとの問いである。それに対して、谷口雅春先生は次のように答えられた。

「もうあなたは極楽成仏しているではないか」と切り出され、「あなたは自動車に触れることもなければ、死ぬこともない。あなたというものは肉体ではないからだ。念仏となえてこれから救われるのだったら、咄嗟《とっさ》の場合に念仏出来なければ救われないかも知れないが、人間が救われるのは念仏の力によるのではない。念仏という現象界の出来事で救われたり救われなんだりすると思うのは間違《まちがい》だ。人間が救われるのは『本来』仏である実相による。実相だけが本当のあなたであり、そのあなたはもう完全に救われているのだから問題はない」(五頁)

また、自分は『生命の實相』を読んで歯の痛みが消えたが、「物質もある」とある人から聞かされ、心が動揺すると再び歯痛が起きた、と質問者が語った。

すると、谷口雅春先生は次のように回答された。

「痛みはない苦しみはないと念じても、心の底に物質は実在するという観念があっては、その痛みはない、苦しみはないという観念も砂上に打ち建てられた楼閣《ろうかく》のようなものであって権威はない。物質はあるという観念は物質に積極的な力を賦与《ふよ》する事になり、物質に力を認めれば、霊なる生命がそれだけ力を失うことになる」(八頁)

また、鶏を飼っていたある信徒が、以前はよく猫が鶏の雛を狙っていたが、真理を知ってからは猫と雛が調和した、と語った。

谷口雅春先生はそれに応えられる。

「そうだ、その通りだ。（略）一切の生物は互いに相食《あいは》むものではないのだ。『イザヤ書』にあるように、赤ん坊は蝮《まむし》と相戯《あいたわむ》れ、羊とライオンと仲良く遊んでいるのが、本来の相《すがた》である。猫が雛《ひな》を覘《ねら》って食べるように見えてもそれは仮相《かそう》というものである。そんなものはないのだ。（略）それは迷《まよい》の影に過ぎないから、迷《まよい》が消えたら猫が雛《ひな》と相《あい》戯《たわむ》れている実相が現われるのだ」（十頁）。

また、五十八歳の初老が、病気で仕事も出来なかったが、『生命の實相』を手にするだけで若返り、健康になった。誰でも『生命の實相』を所持するだけで奇蹟が起こるのか、との質問を発した。

「それは聖典『生命の實相』の功徳《くどく》ではありません。本という物質がそんな功徳を与えると思うのは間違《まちがい》です。本は紙であり、物質ですから、生命を若返らす効果がありません。あなたを若返らせたのは紙で綴《つづ》った『生命の實相』ではありません。この本の中には『生命の真理』はあります。その生命の実相があなたの生命の実相を招《よ》び出したのです。あなたを若返らせたのは、その招《よ》び出されたあなた自身の生命の実相です。ほかのものが人間を若返らすと思うのは間違《まちがい》です。人は自分が主人公なのですから何者にも支配せられものではないのです」(十一頁)

その初老は続けて質問する。「『生命の實相』の真理が何故私自身の『生命の実相』を招び出すのでしょうか?」

「それは類は類を招《よ》ぶ親和の法則によるのです。同じ振動数の音叉《おんさ》に同じ振動数の音響を近づけると、その音叉は振動して鳴り始めるでしょう。(略)

その鳴り始めるのは、互いに同じ振動数をもっているからです。あなたの生命の実相が鳴り始めたのは、あなたの生命の実相が聖典『生命の實相』の中にある思想と共鳴したからです。聖典の中にある思想も『心的存在』であり、あなた自身の生命の実相も『心的存在』です。同じ振動数の心的存在は互いに共鳴を起《おこ》すのです。聖典『生命の實相』の中にある真理が読まれると、同じ振動数を有《も》っていながら、まだ静止していたあなた自身の生命の実相が振動して表面的活動に移るのです」(十二頁)

このように、聴講生との問答は続いていく。病気なので治してほしいと訴える聴講生。因縁を強調すればするほど自分の人生全体が縛られているような暗い感じに陥ると語る天理教の教師。物干し台から墜ちて腰骨を打った婦人。自分の心を善くしようと思うが善くなれないと訴える婦人誌友。自分の子供が死ぬかも知れぬ病気に罹《かか》ったが『生命の實相』を読んで救われたと語る少年の母親。不眠症と神経衰弱がどうしても治らないと語る婦人等々、実に人生万般の悩みが谷口雅春先生に寄せられている。

おそらく本書の読者も身につまされる事例に遭遇すると思われるが、谷口雅春先生の救いの手が我が身にも及ぶと信じて本書を手に取って下されば幸いである。

令和四年十二月吉日

谷口雅春著作編纂委員会

はしがき

「弁道《べんどう》聴《き》き書《が》き」は、親鸞聖人《しんらんしょうにん》の日常《にちじょう》の語録《ごろく》を唯円坊《ゆいえんぼう》が聴き書きして編纂《へんさん》した『歎異鈔《たんにしょう》』に似《に》ている。それは東京赤坂《とうきょうあかさか》にわたしの道場《どうじょう》があったときに側近者《そっきんしゃ》が書きとめておいてくれたものである。そのころ、赤坂の道場には花嫁学校《はなよめがっこう》が兼営《けんえい》されていて、わたしは毎日《まいにち》そこへ講義《こうぎ》に行《い》って花嫁学校の生《せい》徒《と》への講義を公開《こうかい》していたから、信者《しんじゃ》も一般《いっぱん》の人《ひと》たちもそれを一緒《いっしょ》に傍聴《ぼうちょう》し、講義が終わったあとで、病気《びょうき》のある人や、質問《しつもん》のある人は前《まえ》へ出て質問したり、相談《そうだん》したりするのに答えていたものである。そのころには録音器《ろくおんき》が

弁道聴き書き　本篇は昭和十二年十一月に『生長の家』誌第八輯第十三号「生長の家記念日臨時号」として「實相随聞録・實相体験随聞録」の表題で発行された

はしがき　頭注版第三十四巻の「はしがき」

弁道　仏教語。修行に全力を注ぐこと

親鸞聖人　承安三～弘長二年。鎌倉時代の僧。浄土宗の開祖法然の弟子。浄土真宗の開祖

唯円坊　貞応元～正応二年。親鸞の晩年の直弟子の一人

『歎異鈔』　唯円が編纂したといわれる親鸞の語録

赤坂　昭和十年に当時の赤坂檜町にあった山脇高等女学校の旧校舎を本部とした。昭和二十九年に原宿に移った

なかったので、速記者《そっきしゃ》がついていたが、速記《そっき》のままでは、まとまった文章《ぶんしょう》にならないので、速記を資料《しりょう》として側近《そっきん》にいた人《ひと》がその当時《とうじ》の道場《どうじょう》の様子《ようす》なども書き込んで、わたしが、道場で実際《じっさい》に指導《しどう》している光景《こうけい》を髣髴《ほうふつ》させてくれたのがこの〝道場篇《どうじょうへん》〟である。だからこれを読んで下《くだ》さるならば、その当時《とうじ》のわたしの指導ぶりがよくわかるのである。そのころは他流試合《たりゅうじあい》みたいに問答《もんどう》をしかけて来る人もあったので活気《かっき》があった。宗教《しゅうきょう》や哲学《てつがく》に関《かん》する深い思索《しさく》についての問答もあるし、病気《びょうき》や家庭《かてい》の悩《なや》みの相談《そうだん》もあった。だから、その光景や問題《もんだい》を描《えが》き写《うつ》した本篇《ほんぺん》は、いろいろの人生《じんせい》の悩みの解決《かいけつ》や病気の解消《かいしょう》にも、いかなる心の持ち方で臨《のぞ》めばよいかの参考《さんこう》になると思う。内容《ないよう》は目次《もくじ》を見てもらえばだいたいわかるのであるから、目次を見て、好《す》きなページから読んでもらってもよいが、やはり最初《さいしょ》から読んでいただく方《ほう》が、道場全体《どうじょうぜんたい》の雰囲気《ふんいき》もよく分《わ》かるし、真理《しんり》を把握《はあく》するにも都合《つごう》がよいと思う。

花嫁学校　昭和十年に生長の家本部内に開設された「家庭光明寮」。「家庭を光明化する婦人」を養成すべく創設された。校名や所在地の変遷を経て平成二十三年に閉校となった

髣髴　ありありと思い浮かぶこと

他流試合　武芸などで、自分が属さない他の流儀や流派の人と試合をすること

昭和四十一年四月十日

著者《ちょしゃ》しるす

道場篇

弁道聴き書き（上）

目次

道場篇《どうじょうへん》　弁道聴《べんどうき》き書《が》き（上）

※本文中には目次にない小見出しもあるが、本全集の底本である愛蔵版の目次に従った。頭注版、黒布表紙版等各版の目次も同様である。

第55巻・道場篇　弁道聴き書き（下）

盲いていて見える眼／実相は汝の中にあり／言葉は癒やす／痛みは有難いと思え／一切を受容れる心が大切／父母未生前の本来の面目悟る／空即是色の意味は？／無限供給と無数の治験例／治る人と治らぬ人の体験／痛くない所に礼をいえ／罪業本来なし／光明の断片語集／神の言葉は理窟ではない

凡例

一、本全集は、昭和四十五年～昭和四十八年にわたって刊行された愛蔵版『生命の實相』全二十巻を底本とした。本書第五十四巻は、愛蔵版第十七巻『道場篇』を底本とした。

一、本文中、底本である愛蔵版とその他の各種各版の間で異同がある箇所は、頭注版、初版革表紙版、黒布表紙版等を参照しながら確定稿を定めた。

一、底本は正漢字・歴史的仮名遣いであるが、本全集は、一部例外を除き、常用漢字・現代仮名遣いに改めた。

一、現在、代名詞、接続詞、助詞等で使用する場合、ほとんど用いられない漢字は平仮名に改めた。

一、本文中、誤植の疑いがある箇所は、頭注版、初版革表紙版、黒布表紙版等各種各版を参照しながら適宜改めた。

一、本文中、語句の意味や内容に関して註釈が必要と思われる箇所は、頭注版を参照しつつ脚註として註を加えた。但し、底本の本文中に括弧で註がある場合は、例外を除き、その箇所のままとした。

一、聖書、仏典等の引用に関しては、明らかに原典と異なる箇所以外は底本のままとした。

一、頭注版『生命の實相』全四十巻が広く流布している現状に鑑み、本書の章見出し、小見出しの下の脚註部分に頭注版の同箇所の巻数・頁数を表示し、読者の便宜を図った。

一、本文と引用文との行間は、読み易さを考慮して通常よりも広くした。

一、本文中に出てくる書籍名、雑誌名はすべて二重カギに統一した。

道場篇

弁道聴き書き

（上）

智慧《ちえ》の言葉《ことば》

○来《きた》るものを拒《こば》まず、去《さ》る者《もの》を追わず、その時来《ときき》たるもの、その時に善《よ》く、その時去るものその時に善《よ》し。行《ゆ》く雲《くも》、流るる水、妖雲冪々《ようんべきべき》たるも、流水巌頭《りゅうすいがんとう》に激《げき》するも、覚者《かくしゃ》は唯蒼空上《ただそうくうじょう》にあって、その時《とき》その場《ば》の美しさを眺《なが》むるのみ。

○神と一体《いったい》とは、かく観念《かんねん》することに非《あら》ず。観念の遊戯《ゆうぎ》に非《あら》ず。愛を実践《じっせん》することと神なり。智慧《ちえ》を実践することと神なり。生命《せいめい》を実践することと神なり。今《いま》、生きることと神なり。寸時《すんじ》も前進《ぜんしん》することと神なり。

○滅《ほろ》びる者《もの》は悪ばかり。善《ぜん》は滅びることはない。滅びる毎《ごと》に喜《よろこ》べる者は幸《さいわ》いである。

○喬木《きょうぼく》、風繁《かぜしげ》しといえども憂《うれ》うる勿《なか》れ。風繁きために害虫《がいちゅう》が飛び去る。風がなくなったら樹木《じゅもく》が一層生長《いっそうせいちょう》するだろうと思うのは誤《あやまり》である。

○純客観《じゅんかっかん》は純主観《じゅんしゅかん》。客観《かっかん》のいわゆる客観《かっかん》は真《しん》の客観《かっかん》に非《あら》ず。主観《しゅかん》のいわゆる主観は真《しん》の主観に非《あら》ず。迷妄《めいもう》、主客《しゅかく》の両端《りょうたん》を切断《せつだん》して、純主観的存在《じゅんしゅかんてきそんざい》と純客観《じゅんかっかん》的存在《てきそんざい》との一致《いっち》を見る。

○いそぐことはない、すべては出来《でき》ているのだから。いそがずに急ぐのだ。

○減《へ》ることはない、すべては与えられているのだ。

弁道《べんどう》聴《き》き書《が》き

救《すく》いは念仏《ねんぶつ》によらず

谷口先生《たにぐちせんせい》が東都《とうと》へ来《こ》られたときに、東都の自動車《じどうしゃ》の交通頻繁《こうつうひんぱん》な有様《ありさま》を見て「先生《せんせい》、私《わたくし》はこのような自動車の往来《おうらい》の激《はげ》しい様《さま》を見ておりますると、

智慧の言葉（前々頁）真理を短文で書き表した著者の箴言集。本全集第三十四巻「聖語篇」参照

妖雲冪々（前々頁）不吉な出来事を予感させる雲が空一面を覆うさま

寸時（前々頁）わずかな時間

喬木（前頁）高い木

頭注版㉞三頁

東都　東京のこと。著者は神戸の住吉で立教して自宅が本部を兼ねた。昭和九年八月に東京に移転した。その間の地方への布教は本全集第八～十巻「聖霊篇」参照

いつ自動車《じどうしゃ》に触《ふ》れて死ぬかも判《わか》らないような気がします。それは咄嗟《とっさ》の場合《ばあい》ですから何《なん》ともいえません。その時《とき》、私は真宗《しんしゅう》の信者《しんじゃ》でありながら『南無《なむ》阿弥陀仏《あみだぶつ》』と念仏《ねんぶつ》することを忘れるかも知れません。そうすると私《わたくし》は極楽《ごくらく》成仏出来《じょうぶつでき》ないでありましょうか？」とたずねたものがあった。

「もうあなたは極楽成仏《ごくらくじょうぶつ》しているではないか」と、その時谷口先生《たにぐちせんせい》は被仰《おっしゃ》った。「あなたは自動車に触れることもなければ、死ぬこともない。あなたというものは肉体《にくたい》ではないからだ。念仏となえてこれから救《すく》われるのだったら、咄嗟《とっさ》の場合に念仏出来なければ救われないかも知れないが、人間《にんげん》が救われるのは念仏の力《ちから》によるのではない。念仏という現象界《げんしょうかい》の出来事《できごと》で救われたり救われなんだりすると思うのは間違《まちがい》だ。人間が救われるのは『本来《ほんらい》』仏《ほとけ》である実相《じっそう》による。実相だけが本当《ほんとう》のあなたであり、そのあなたはもう完《かん》全《ぜん》に救われているのだから問題《もんだい》はない」と被仰《おっしゃ》った。

咄嗟　わずかな時間

真宗　浄土真宗。鎌倉時代初期に法然の弟子親鸞によって立てられた浄土教の一派。阿弥陀仏による救済、他力本願を宗旨とする

南無阿弥陀仏　阿弥陀仏に帰依する意を表す言葉。浄土宗、浄土真宗では阿弥陀仏の浄土に救い取ってもらうために称える

道《みち》を説《と》き道を聴《き》く場合《ばあい》の態度《たいど》

一修行者《しゅぎょうしゃ》が谷口先生《たにぐちせんせい》に訊《き》いたことがあった。「或《あ》る私《わたくし》よりも世間的地位《せけんてきちい》の高い人《ひと》が、肉体《にくたい》は本来無《ほんらいな》いと今迄《いままで》信じていましたが、西谷《にしたに》という先生《せんせい》がその人の所《ところ》へ来られて、肉体もある、霊《れい》もある、霊肉合《れいにくがっ》して力《ちから》を生《しょう》ずると被仰《おっしゃ》るその先生の説《せつ》を聴いていますと、その方《ほう》も合理的《ごうりてき》な気がして来ましたので、その人は肉体の有無《うむ》について確《たし》かめたいから、私《わたくし》に来て話してくれと被仰《おっしゃ》るのです。往《い》っても宜《よろ》しゅうございますか？」

「往《い》っても無駄《むだ》だろう」と谷口先生は被仰《おっしゃ》った。「その人が世間的にいくら地位の高い人であろうとも、その人があなたに道を聴きたいならば、その人の方《ほう》からあなたに駕《が》を枉《ま》げねばならぬ。あなたはいくらその人より若くとも、道を教《おし》えるときはその人の師《し》である。世間的の地位が高いから招《よ》び寄《よ》せ

頭注版㉞四頁

道　神仏や聖賢の教え。特に仏道をいう場合が多い

駕を枉げる　『三国志』の『蜀志』「諸葛亮伝」にある言葉。貴人がわざわざ訪れる。転じて来訪することの尊敬語

て聴《き》こうというような気持《きもち》が働《はたら》いている時《とき》には、あなたのいうことはその人《ひと》に解《わか》らないし、あなたもその人の世間的位置《せけんてきいち》に気押《きお》されて、社員《しゃいん》が社長《しゃちょう》の所《ところ》へ行《ゆ》くような気持《きもち》で行《ゆ》くならば、却《かえ》ってその人に説《と》き伏《ふ》せられてしまうであろう。」

物質《ぶっしつ》ありと迷《まよ》い歯痛《しつう》再発《さいはつ》

谷口先生《たにぐちせんせい》が東都《とうと》へ来られたとき、松崎武雄君《まつざきたけおくん》がこんな話をした。

「私《わたくし》は『生長《せいちょう》の家《いえ》』を読ませて頂《いただ》くようになりましてから身体《からだ》にどこにも病気《びょうき》がなくなりました。私《わたくし》には以前親知《いぜんおやし》らず(智歯《ちし》)が横《よこ》に尖《とんが》って生《は》えていましたので、それが頬《ほほ》を内側《うちがわ》から突《つ》いて常《つね》に痛《いた》んでいましたが、『生命《せいめい》の實相《じっそう》』を読んで以来歯《いらいは》の形《かたち》が変《かわ》って丸《まる》くなり痛まなくなりました。ところが西《にし》谷先生《たにせんせい》という人に逢《あ》いまして、物質もあるという説《せつ》をきかされ、心に動揺《どうよう》を

気押される　相手の勢いに押される。圧倒される

頭注版㉞五頁

松崎武雄君　本全集第二十四巻「倫理篇」下巻第八章四七頁参照

『生長の家』　著者の個人雑誌として昭和五年三月一日に創刊された。本全集第三十一～三十三巻「自伝篇」参照

智歯　親知らず。第三臼歯

『生命の實相』　著者の主著。昭和七年一月に黒革表紙版が発行されてより各種各版が発行され、現在までに二千万部近くが発行されている

来《き》たしましたら早速《さっそく》また歯が痛《いた》み出しまして、どんなに痛みはない、苦しみはない、それは心の影《かげ》だと念《ねん》じましても、その痛みはとまりませんでした。西谷先生《にしたにせんせい》の霊力《れいりょく》によって、私《わたくし》の思念《しねん》の具象化力《ぐしょうかりょく》を奪《うば》われたようにも感《かん》じられました。」

「それは当然《とうぜん》だ」と谷口先生《たにぐちせんせい》は被仰《おっしゃ》った。「痛みはない苦しみはないと念《ねん》じても、心の底《そこ》に物質《ぶっしつ》は実在《じつざい》するという観念《かんねん》があっては、その痛みはない、苦しみはないという観念も砂上《さじょう》に打《う》ち建《た》てられた楼閣《ろうかく》のようなものであって権威《けんい》はない。物質はあるという観念は物質に積極的《せっきょくてき》な力《ちから》を賦与《ふよ》する事《こと》になり、物質に力を認《みと》めれば、霊《れい》なる生命《せいめい》がそれだけ力を失うことになる」と被《おっ》仰《しゃ》った。

「先生《せんせい》にその意味《いみ》の御手紙《おてがみ》を頂《いただ》きまして豁然《かつぜん》と悟《さと》りますと、歯の痛みは掻《か》き消《け》すようになくなりました。私《わたくし》は悪夢《あくむ》を見ていたのでございました」と松《まつ》崎武雄君《ざきたけおくん》は答えた。

具象化力　形のないものが形になってあらわれる力

楼閣　高層の立派な建物。たかどの

賦与　分け与えること

豁然　心の迷いや疑念がたちまちにして消え去るようす

一切《いっさい》の生物《せいぶつ》は本来調和《ほんらいちょうわ》している

その時《とき》、松崎武雄君《まつざきたけおくん》はまた谷口先生《たにぐちせんせい》にこんな話をした。

「私《わたくし》は以前《いぜん》、江渡狄嶺氏《えとてきれいし》の『或《あ》る百姓《ひゃくしょう》の家《いえ》』という本を読んだことがあります。その本の中《なか》に江渡《えと》さんの飼《か》っている鶏《にわとり》の雛《ひな》を猫《ねこ》がとって食べるので、或《あ》る日《ひ》江渡《えと》さんが『兄弟《きょうだい》なる猫よ、鶏《にわとり》をとらないでおいてくれ』と貼《は》紙《がみ》しておいたら、それ以来《いらい》その猫が来なくなった。しかし、しばらくしてその猫が鉄道線路《てつどうせんろ》で汽車《きしゃ》に轢《ひ》かれて死んでいるのが見出《みいだ》されたという話が載《の》っていましたが、私《わたくし》のうちでも昨年《さくねん》までは鶏《にわとり》の雛《ひな》をよく猫に覘《ねら》われたものでです。ところが私《わたくし》が生長《せいちょう》の家《いえ》の誌友《しゆう》となり真理《しんり》を知って一切の生物本来調和していることを知りますと、猫はやはりいながら、その猫は雛《ひな》を覘《ねら》わなくなりました。猫と雛《ひな》とは調和してしまったのです。」

頭注版㉞六頁

江渡狄嶺氏　明治十三～昭和十九年。青森県生まれの思想家。明治四十四年に現在の世田谷区に「百姓愛道場」を開き、二年後に現在の杉並区東高井戸に移って終生農業と思索を続けた。著書に『或る百姓の家』『地涌のすがた』等がある

『或る百姓の家』　大正十一年、總文館刊

誌友　狭くは月刊誌『生長の家』の読者を指し、広くは「生長の家」信徒を指す

「そうだ、その通《とお》りだ」と谷口先生《たにぐちせんせい》は被仰《おっしゃ》った。「一切《いっさい》の生物《せいぶつ》は互《たが》いに相食《あいは》むものではないのだ。『イザヤ書《しょ》』にあるように、赤《あか》ん坊《ぼう》は蝮《まむし》と相戯《あいたわむ》れ、羊《ひつじ》とライオンと仲良《なかよ》く遊んでいるのが、本来《ほんらい》の相《すがた》である。猫《ねこ》が雛《ひな》を覘《ねら》って食べるように見えてもそれは仮相《かそう》というものである。そんなものはないのだ」と強い語調《ごちょう》で、「それは迷《まよい》の影《かげ》に過《す》ぎないから、迷《まよい》が消えたら猫が雛《ひな》と相戯《あいたわむ》れている実相《じっそう》が現《あら》われるのだ」と被仰《おっしゃ》った。

実相は実相を招《よ》び出《だ》す

その日の午前中《ごぜんちゅう》、道場《どうじょう》には十人《にん》ばかりの人《ひと》が集《あつま》っていた。この中《なか》に安東《あんどう》駕馬太《かまた》といって五十八歳《さい》の老人《ろうじん》があった。その老人がいうのに、

「私《わたくし》は『生命《せいめい》の實相《じっそう》』を手にする迄《まで》は、病気《びょうき》で痩《や》せ細《ほそ》って仕事《しごと》は出来《でき》ずに、家内《かない》の世話《せわ》にばかりなっていました。ところが聖典《せいてん》『生命《せいめい》の實相《じっそう》』を手

「イザヤ書」　『旧約聖書』の三大預言書の一つ。ユダヤの民が救世主の出現によって平安を得ることが預言されている。上記の記述は第十一章にある

頭注版㉞七頁

安東駕馬太　本全集第二十八巻「宗教問答篇」上巻一六八頁参照

聖典　宗教の教義の根本となる書物。本全集では主に『生命の實相』を指す

にしますと、肉体《にくたい》がこんなに若々《わかわか》しくなって、二十七、八歳《さい》の若さに立帰《たちかえ》りました。手などもこんなに丸々《まるまる》と肥《こ》え太《ふと》ってまいりました。これは聖典《せいてん》『生命《せいめい》の實相《じっそう》』の功徳《くどく》でしょうか。誰《たれ》でも聖典『生命《せいめい》の實相《じっそう》』を所持《しょじ》すれば、こんな奇蹟《きせき》が起《おこ》るのでしょうか？」

「安東《あんどう》さん」と谷口先生《たにぐちせんせい》は被仰《おっしゃ》った。「それは聖典『生命《せいめい》の實相《じっそう》』の功徳《くどく》ではありません。本という物質《ぶっしつ》がそんな功徳《くどく》を与えると思うのは間違《まちがい》です。本は紙であり、物質ですから、生命《せいめい》を若返《わかがえ》らす効果《こうか》がありません。あなたを若返らせたのは紙で綴《つづ》った『生命《せいめい》の實相《じっそう》』ではありません。この本の中《なか》には『生命《せいめい》の実相《じっそう》の真理《しんり》』はあります。その生命《せいめい》の実相があなたの生命《せいめい》の実相を招《よ》び出《だ》したのです。あなたを若返らせたのは、その招《よ》び出《だ》されたあなた自《じ》身《しん》の生命《せいめい》の実相です。ほかのものが人間《にんげん》を若返らすと思うのは間違《まちがい》です。人《ひと》は自分《じぶん》が主人公《しゅじんこう》なのですから何者《なにもの》にも支配《しはい》せられものではないのです。」

「『生命《せいめい》の實相《じっそう》』の真理が何故《なぜ》私自身《わたくしじしん》の『生命《せいめい》の実相』を招《よ》び出《だ》すのでし

功徳　神仏の恵み。御利益（ごりやく）

ようか？」

「それは類《るい》は類を招《よ》ぶ親和《しんわ》の法則《ほうそく》によるのです。同じ振動数《しんどうすう》の音叉《おんさ》に同じ振動数の音響《おんきょう》を近づけると、その音叉《おんさ》は振動《しんどう》して鳴《な》り始《はじ》めるでしょう。」

「鳴り始めます。」

「その鳴り始めるのは、互《たが》いに同じ振動数をもっているからです。あなたの生命《せいめい》の実相《じっそう》が鳴り始めたのは、あなたの生命《せいめい》の実相が聖典《せいてん》『生命《せいめい》の實相《じっそう》』の中《なか》にある思想《しそう》と共鳴《きょうめい》したからです。聖典の中《なか》にある思想も『心的存在《しんてきそんざい》』であり、あなた自身《じしん》の生命《せいめい》の実相も『心的存在』です。同じ振動数の心的存在は互いに共鳴を起《おこ》すのです。聖典『生命《せいめい》の實相《じっそう》』の中《なか》にある真理《しんり》が読まれると、同じ振動数を有《も》っていながら、まだ静止《せいし》していたあなた自身の生命《せいめい》の実相が振動して表面的活動《ひょうめんてきかつどう》に移《うつ》るのです。」

「それでありますから、私《わたくし》は聖典『生命《せいめい》の實相《じっそう》』を読みますと若返《わかがえ》りました。今迄腰《いままでこし》が痛《いた》くて何《なに》も出来《でき》なかった私《わたくし》でありましたのに、こんなに遊ん

類は類を招ぶ　波長の合うもの、似通ったものは自然と寄り集まること
親和　親しみ仲よくすること
音叉　たたくと一定の振動数の音を発生する音響器
共鳴　静止している発音体が他の音波を受けて自然に鳴り出す現象

でいては勿体《もったい》ないと思いまして、道《みち》が低くなっている所《ところ》へ高い所から砂《すな》を運んで埋《うず》めました。ちょうどよい大きさの畚《もっこ》がありませんので、普通《ふつう》の畚《もっこ》の二倍《ばい》もある籠《かご》に入《い》れて肩《かた》にかけて運びました。重いと感《かん》ずるのは心の作用《さよう》であるから重くないと感じて搬《はこ》ぶことにしました。そうしますと、普通の畚《もっこ》の二倍《ばい》も容《い》れても重く感じないで楽々《らくらく》とそれを搬《はこ》びました。もう数年間労働《すうねんかんろうどう》をしない私《わたくし》がこんなに楽々と力《ちから》が出るのは心の力であると悟《さと》りました。」

「それは全《まった》く好《い》い体験《たいけん》をなさいました。」

「それから私《わたくし》は大工仕事《だいくしごと》をして木に鉋《かんな》をかけてみましたが、物質《ぶっしつ》は心の影《かげ》であるからそれ自身堅《じしんかた》くも軟《やわら》かくもないと思い、軟《やわら》かくて自由自在《じゆうじざい》に切れると念《ねん》じて鉋《かんな》をかけてみますと、その切れること驚《おどろ》くばかりでありました。私《わたくし》が生長《せいちょう》の家《いえ》を知らして頂《いただ》きましたのは首藤君《しゅどうくん》のお蔭《かげ》でありますが、首藤《しゅどう》君《くん》のところへ行《ゆ》く途《みち》に二《ふた》つの急坂《きゅうはん》があるのですが、その二つの急坂《きゅうはん》は若い者《もの》でも誰《たれ》もそれを自転車《じてんしゃ》で途中無停車《とちゅうむていしゃ》で乗り切ったものはないのです。私《わたくし》

畚　縄などで編んだ正方形の網の四隅に四隅に綱をつけて運ぶ道具

鉋　材木の表面を削って平らにする大工道具

はその坂道《さかみち》に自転車《じてんしゃ》でさしかかった時《とき》に、これを坂《さか》であると観《み》るのは心の作《さ》用《よう》である、坂でない、平地《へいち》であると観《かん》ずれば私《わたくし》に対《たい》しては平地の作用をすると思い、坂と思わず平地であると思いぐんぐんペダルを踏《ふ》みますと、若い者《もの》でも登り切れない二《ふた》つの坂道を平気《へいき》で自転車で登り切ってしまったのです。」

「何事《なにごと》をするにも、その呼吸《こきゅう》だ。」谷口先生《たにぐちせんせい》は被仰《おっしゃ》った。「坂道ではない、平地であると思い、困難《こんなん》でない、容易《ようい》であると思って何事《なにごと》でもすれば、一切《いっさい》の事《こと》は容易に、あなたが坂道を登り切ってしまったように出来《でき》るのです。」

「それで坂道を二つ登り切っても何《なん》ともなかったのですが、往《い》った先《さき》の学校《がっこう》の先生《せんせい》が、そんなに無理《むり》なことをして心臓《しんぞう》は何《なん》ともないかと尋《たず》ねますと、心臓という物質的存在《ぶっしつてきそんざい》を私《わたくし》は思出《おもいだ》したのです。そうすると心臓が急《きゅう》にドキドキとし始《はじ》めました。それで私《わたくし》は、ハハア、これは心臓がドキドキするはずだと思うからドキドキするのだ、心の作用だ、もう何《なん》ともないと思いますと、もう心臓《しんぞう》は何《なん》ともなくなりました。」

生命《せいめい》を生かす道《みち》

その時《とき》、修行者秋山君《しゅぎょうしゃあきやまくん》が言葉を挟《はさ》んだ。

「今田君《いまだくん》がまた悪くて寝《ね》ているのです。」

「あの人《ひと》は働《はたら》けるうちに働かないからです」と谷口先生《たにぐちせんせい》は被仰《おっしゃ》った。「仕事《しごと》をしなければまた病気《びょうき》になりますよと私《わたくし》はあの人に注意《ちゅうい》したことがあります。すっかり治《なお》ったら仕事を始《はじ》めよう、すっかり治《なお》ったら仕事を始めようと思っていると、生命《せいめい》が萎縮《いしゅく》してしまうのです。生命《せいめい》は働くことによってそこから湧《わ》き出《で》るのです。生命《せいめい》が再《ふたた》びその人の肉体《にくたい》を出口《でぐち》として発現《はつげん》しようとしている時に、その人が生命を働かせなかったら、生命《せいめい》はその出口《でぐち》を去って、他《た》の出口から働こうとするのです。」

頭注版㉞一〇頁

萎縮 しぼんでちぢむこと。元気を失うこと

発現 あらわれ出ること

「そうです」と安東翁《あんどうおう》は口をはさんだ。「私《わたくし》は動けない病人《びょうにん》にでも働《はたら》きなさいと教《おし》えるのです。寝床《ねどこ》にいて動けなければ寝床の周囲《しゅうい》へ手をのばして布《ぬの》切《き》れで畳《たたみ》を拭《ふ》きなさい、畳位《たたみくらい》擦《す》り切《き》れて取替《とりか》えねばならぬようになっても、畳の一枚《まい》や二枚位《くらい》は擦り切れても、生命《せいめい》を遊ばせておくよりはまだましだ。一寸《いっすん》動ければ一寸動きなさい、二寸動ければ二寸動きなさい、それは生《せい》命《めい》を生かす道《みち》だと教《おし》えるのです。すると実際生命《じっさいせいめい》が生きて来るのです。私《わたくし》の近所《きんじょ》に腹膜炎《ふくまくえん》を患《わずら》って腹《はら》から胸《むね》から顔《かお》までもズーッと脹《は》れ上《あが》った病人《びょうにん》がありました。一時《いちじ》私《わたくし》が思念《しねん》してあげますとよくなりかけていましたのですが、また中途《ちゅうと》で悪くなって来ました。そしてどうしてもよくならないのです。それで私《わたくし》は申《もう》しました。『もうあなたは信心《しんじん》を止《や》めなさい。信心しても治《なお》らんのだから今迄《いままで》の信心皆止《みなや》めなさい。もうあなたの死期《しき》は来ているのです。ここ迄治《までなお》した私《わたくし》がいうのだから間違《まちがい》はないのです。どうせ死ぬのだから、治《なお》してもらおう治《なお》してもらおうと思って神様《かみさま》に縋《すが》る心を捨《す》ててしまい

畳を拭きなさい　本全集第二十八巻一七二頁に安東氏は畳表の製造を営んでいたことが記されている。そのため自然に出てきた言葉と思われる

一寸　約三センチメートル。わずかなことのたとえ

腹膜炎　腹部の内臓の表面などをおおう腹膜の炎症

なさい。そんな信心《しんじん》スッカリ捨《す》ててしまいなさい。そして私《わたくし》はもう死ぬのだ、死ぬのにきまったと思いなさい。周章《あわ》てても死ぬのだし、潔《いさぎよ》く死を受けても死ぬのだから、どうせ死ぬのなら、潔く死のうと決心《けっしん》しなさい』とこう申《もう》しますと、その病人《びょうにん》は心が落着《おちつ》いたと見えまして顔《かお》の脹《は》れが引き、胸《むね》の脹れが引き、もう大丈夫《だいじょうぶ》というようになりましたから、この道場《どうじょう》へ修《しゅ》行《ぎょう》に来させて頂《いただ》きました。あとはズンズンよくなっていることだと存《ぞん》じます。」

安東《あんどう》さんがこんな話をしたので、道場の修行者《しゅぎょうしゃ》の中《なか》で反対意見《はんたいいけん》をとなえるものがあった。「死ぬと思って意気銷沈《いきしょうちん》している病人でも、死なぬ大丈夫だと信ずる人《ひと》からいわれて元気《げんき》を回復《かいふく》する人があるのに、もうあなたは死ぬに極《きま》ったといわれて却《かえ》って元気が回復したというのはどういうわけでしょうか？」

「その病人は、この病気《びょうき》を治《なお》したい、治《なお》したいという観念《かんねん》に今迄《いままで》捉《とら》われ過《す》ぎ

意気銷沈　元気をなくして沈み込むこと

ていたのです。心に『病気《びょうき》』というものを把《つか》んでいて、『この病気はどうしたら治《なお》るか』と考えたり、『神様《かみさま》この病気を治《なお》して下《くだ》さい』と祈《いの》ったりしていたのです。こんな信心《しんじん》はみな間違《まちがい》の信心なのです。それで安東《あんどう》さんが、もう信心捨《す》ててしまいなさいといわれたのでしょう。本当《ほんとう》の信心とは『この病気はどうしたら治《なお》るか』と考える事《こと》ではない。『神様の世界《せかい》にはもう病気は無《な》い』と断然《だんぜん》信じて病気という観念《かんねん》を離《はな》してしまって神の世界へ向くことです。『もう死ぬのだ、潔《いさぎよ》く死のう』と観念した時《とき》に、その病人《びょうにん》は今迄《いままで》『この病気はどうしたら治《なお》るか』と心に把《つか》んでいた『病気』を心から離してしまったのです。治《なお》そうと思えばこそ心に『病気』というものを把《つか》んでいるのですが、もう治《なお》らぬ病気と知って、潔よく死のうという気になれば、もう心は『病気』の方《ほう》を考えないのです。そして、『潔よく』の方《ほう》を考える。『病気』のことはすっかり考えないで『潔く』『潔く』ばかり考える。病気に対《たい》する恐怖《きょうふ》がなくなり、心が潔《いさぎよ》く明るくなって、その人《ひと》の病気は治《なお》って来《き》たのです」と被仰《おっしゃ》った。

この安東《あんどう》さんは実《じつ》に素直《すなお》な心、純朴《じゅんぼく》な心、幼児《ようじ》のような心で、少しの理《り》窟《くつ》もなしに真理《しんり》を受《う》け容《い》れられるので、道場修行者《どうじょうしゅぎょうしゃ》たちも感心《かんしん》していた。聖典《せいてん》に「人間《にんげん》は神の子、病気《びょうき》は無《な》い」と書いてあったら、直《す》ぐ「そうだ、その通《とお》りだ！」と両掌《りょうて》を拍《う》ち合《あ》わすように、真理と自身《じしん》の心とがパチと両方《りょうほう》から合《がっ》して一《ひと》つになるのであった。聖典に「肉体《にくたい》は心の影《かげ》」とあれば「そうだ、その通りだ！」と手を拍《う》って跳上《とびあが》られた。「物質《ぶっしつ》は無《な》い」という真理を聖典で見出《みいだ》した時《とき》にもそうであった。物質が無《な》く肉体が心の影であるから坂《さか》も翁《おう》の心の中《なか》では平地《へいち》となり、須磨《すま》から住吉《すみよし》の道場《どうじょう》まで四十分間《ぷんかん》で毎日《まいにち》通《かよ》って来られた。安東さんは或《あ》る日《ひ》心眼《しんがん》が開《ひら》けて道場の床《とこ》の間《ま》にかけてある「生命《せいめい》の實相《じっそう》」の掛軸《かけじく》の上《うえ》に紫《むらさき》の雲が靉《たなび》いて下《お》りて来るのを見られた。その雲の間《あいだ》から鋭《するど》い光明《こうみょう》が射《さ》して来《き》て安東さんの眼《め》を射《い》ると、安東さんは有《あり》難《がた》くて咽《むせ》び泣きながら跪《ひざまず》いた。眼《め》をつぶっても、その掛軸から射《さ》して来る

純朴　素直で飾り気のないこと

須磨　神戸市南西部の地域。現在の神戸市須磨区

住吉　現在の神戸市東灘区にあった旧住吉村。「生長の家」草創期は著者の自宅が本部を兼ね、また来訪者のための真理研鑽の場としての道場ともなっていた

須磨から住吉　本全集第二十八巻一七一頁によれば、安東氏は住吉に生長の家の本部を兼ねた道場があった当時、須磨の息子の家から住吉まで自転車で通っていた

心眼　物事の本質を的確に見抜く心の眼

「生命の實相」の掛軸　生長の家の信徒は祈る時に掛け軸や額などに収めた「生命の實相」の揮毫を通して宇宙の大生命に礼拝している

光《ひかり》は見えて「生命《せいめい》の實相《じっそう》」の文字《もじ》だけが軸《じく》から抜け出して後光《ごこう》を放《はな》ちながら安東《あんどう》さんに近づいて来るのが見えた。

　このような安東さんであるから安東さんが須磨《すま》の養子《ようし》の宅《たく》に来られると、その日から養子の吃語《きつご》が治《なお》ってしまった。安東さんは、どうぞしてその養子をこの有難《ありがた》い「生長《せいちょう》の家《いえ》」の誌友《しゆう》に入れたいと思っていられたが、無理《むり》に勧《すす》めてもいけないと思って心で祈《いの》っていられた。養子さんは川崎造船所《かわさきぞうせんしょ》へ勤《つと》めていられたが、その傍《かたわ》ら法政大学《ほうせいだいがく》の通信講義録《つうしんこうぎろく》をとって勉強《べんきょう》していられた。或《あ》る日《ひ》その通信学校《つうしんがっこう》から送って来た機関雑誌《きかんざっし》を見ると、その巻頭《かんとう》に、主《しゅ》幹《かん》の澤田民治《さわだたみじ》という人《ひと》が「生長の家」の「生きた生命《せいめい》」という力強い詩を引《いん》用《よう》して「生長の家」の精神《せいしん》こそわが精神である、この精神によって自分《じぶん》も救《すく》われたし、多くの挫折《ざせつ》した人が救われつつあると書いていた。安東さんの祈りはきかれたのだ。その養子さんはそれを読むと「生長の家」が迷信《めいしん》でないことを知り、直《ただち》に「生長の家」の信徒《しんと》になるべく申込《もうしこ》まれたのであった。

後光　神仏のからだから放射する光

吃語　どもること

川崎造船所　明治十一年に川崎正蔵が東京に川崎築地造船所を設立し、明治十九年に神戸に工場を移した造船会社。現在の川崎重工業株式会社の前身

主幹　中心的な役割を担う人物

「生きた生命」　著者が霊感によって浮かんだ詩を集めた「生長の家の歌」に収録された詩の一編。本全集第三十三巻「聖詩篇」一九〇頁参照

生命《せいめい》の真《しん》を生きるとは

先生《せんせい》が東都《とうと》へ二度目《どめ》にお越《こ》しになっていたとき、こういって尋《たず》ねた誌友《しゆう》があった。「先生は人間最上《にんげんさいじょう》の善事《ぜんじ》は生命《せいめい》の真を生きるということであるように説《と》かれますが、この点《てん》ではなまくらな宗教家《しゅうきょうか》や学校教師《がっこうきょうし》よりも実業家《じつぎょうか》の方《ほう》が真剣《しんけん》に生きていると思います。また相場師《そうばし》などは一朝見込《いっちょうみこ》み違《ちが》いをしたら全財産《ぜんざいさん》を摺《す》ってしまうかも知れません。だからいつも彼《かれ》らは生命《せいめい》を賭《か》けている。つまり彼らは常《つね》に真剣に生命《せいめい》の真《しん》を生きているのだと思います。」

「真剣に生きているという事《こと》と生命《せいめい》の真《しん》を生きるということと異《ちが》います。」

谷口先生《たにぐちせんせい》は被仰《おっしゃ》った。「生命《せいめい》を賭《か》けて生きている、従《したが》って真剣だという点《てん》では殺人強盗《さつじんごうとう》などは極《きわ》めて真剣でありましょう。一朝仕損《いっちょうしそん》じたら正当防衛《せいとうぼうえい》で殺されるかも知れぬ。捕《つか》まえられたら自分《じぶん》は死刑《しけい》になるかも知れぬ。彼らは

頭注版㉞一四頁

なまくら　腕前が未熟であるさま

相場師　株式などを市場で売買する人

一朝　ひとたび

正当防衛　急迫不正の侵害に対してやむを得ず行う加害行為

常《つね》に生死巌頭《しょうじがんとう》に立っている。しかし誰《たれ》も殺人強盗《さつじんごうとう》を指《さ》して生命《せいめい》の真《しん》を生きているという人《ひと》はありますまい。生命の真を生きるという事《こと》と、真剣に生きるという事とは必《かなら》ずしも一致《いっち》しないのです。何《なに》にその人が真剣《しんけん》に生きるかが問《もん》題《だい》なのです。強盗《ごうとう》に真剣に生きたり、殺人《さつじん》に真剣に生きては、それは生命《せいめい》の真《しん》を生きているとはいえないものです。それは生命《せいめい》の『ニセ物《もの》』に真剣になっているのです。人間《にんげん》は『生命《せいめい》の真《しん》』に真剣に生きることが必要《ひつよう》なのです。生命《せいめい》の本当《ほんとう》の相《すがた》を出すことは、愛と智慧《ちえ》との全《まった》き相《すがた》を出すことに真剣にならなくてはならないのです。」

苦しみは縛《しば》ることから起《おこ》る

「先生《せんせい》、人間の苦しみの起《おこ》る原因《げんいん》は何《なん》ですか？」と道場《どうじょう》でたずねた修行者《しゅぎょうしゃ》があった。

生死巌頭　生死が分かれる大きな岩の突端

頭注版㉞一五頁

谷口先生《たにぐちせんせい》はこうお答えになった。「苦しみというものは縛ることから起《おこ》るのである。生命《せいめい》は本来自由《ほんらいじゆう》なものであるからだ。自由なものが自由でなくされる——この事《こと》を縛るという。人間《にんげん》の生命《せいめい》を縛《しば》るものに大体三《だいたいみっ》つある。その第《だい》一は人間は物質《ぶっしつ》であるという観念《かんねん》である。物質とは普通固定《ふつうこてい》した観念を吾々《われわれ》に与えるから、人間は人間自身《にんげんじしん》を物質だと思うことによって、その固定《こてい》観念《かんねん》に縛られて本来の自由を失ってしまうのである。その縛られた相《すがた》の一《ひと》つが病気《びょうき》である。それから人間は『ねばならぬ』という観念で自他《じた》を縛ってしまう、これが苦しみの因《もと》となる。『こうせねばならぬ、ならぬ』と思いながら自分《じぶん》を眺《なが》め人《ひと》を眺め、そう思うようにならぬことによって悶《もだ》え苦しむのである。家庭《かてい》の苦しみも大抵《たいてい》この『こうせねばならぬ』という紐《ひも》で馬をつなぎ止めておくように良人《おっと》を縛り、妻《つま》を縛りつけておこうとするから苦しむのです。良人《おっと》を自分の思うようにしようとあまり思い過ぎると、そういう妻の側《そば》にいることは何《なん》となしに縛られる思いがするので、良人《おっと》は却《かえ》って家庭の外《そと》で生活《せいかつ》しようとするようになる。縛《しば》っておきたいと思えば思うほど却《かえ》って逃《に》げ出《だ》してしまう。こういうようにして家庭《かてい》の悩《なや》みは起《おこ》るのです。縛らない気持《きもち》でいれば家庭にいても楽しいから良人《おっと》は家庭に帰って来る。鳩《はと》でも捕《とら》えようと思うものが、近附《ちかづ》くと逃《に》げるが捕えようと思わない者《もの》の処《ところ》へは却《かえ》って近附《ちかづ》いて来るのです。こういうように、『彼《かれ》はこうなければならぬ、ああなければならぬ』と自分《じぶん》で定規《じょうぎ》を造《つく》っておいて、その定規《じょうぎ》の寸法《すんぽう》に嵌《は》めようとすると、それが勝手《かって》にきめたその寸法に当嵌《あては》まらぬときに苦しむのです。それから、もう一《ひと》つ人間が苦しむ原因《げんいん》は現象界《げんしょうかい》を常住《じょうじゅう》のものであると思う迷《まよい》から起《おこ》るのです。現象界は活動写真《かつどうしゃしん》のフィルムのように念々《ねんねん》の変化生滅《へんかしょうめつ》に伴《ともな》って一つの常住《じょうじゅう》らしい相《すがた》を見せているのです。活動写真の人物《じんぶつ》は、先刻《さっき》から一人《ひとり》の人間が動いているように見えようとも、それは錯覚《さっかく》であって一人《ひとり》の動く人間も実《じつ》は無数《むすう》のフィルムの生滅《しょうめつ》によって、一人《ひとり》の人間の姿《すがた》のように見ているのです。現象界は本来《ほんらい》、生滅《しょうめつ》しつつある相《すがた》だと知らないときは、予《よ》

常住　常に同じであり続けること

活動写真　映画の旧称

念々　ごく短い時間。一瞬一瞬

生滅　生まれることと死ぬこと。生ずることと滅すること

想《そう》がはずれて悩《なや》むことになるのです。」

ただ他《ひと》の為《ため》に働《はたら》け

頭注版㉞一七頁

谷口先生《たにぐちせんせい》のところへ或《あ》る痩《や》せさらぼうた青年《せいねん》が訪《たず》ねて往《い》って「私《わたくし》は病気《びょうき》でしかもそれが胸《むね》の病気で困《こま》っているから治《なお》して欲《ほ》しい」といった。谷口先生は、自分《じぶん》の病気のことばかり考えて、そのほかのことを何《なに》も考えることの余裕《よゆう》のないらしい青年の顔《かお》をしげしげ眺《なが》めていられたが、「病気は治《なお》そう、治《なお》そうと思うから治《なお》らないのです。病気は無《な》いと知ったらもう治《なお》っているのです」と被仰《おっしゃ》った。すると青年は「人間《にんげん》は神の子で、病気は本来無いということは聖典《せいてん》を読んで解《わか》らせて頂《いただ》きましたが、どうも、心の底《そこ》から無いと思い切ることは出来《でき》ません。それをどうしたら無いと思い切ることが出来るのですか？　それを教《おし》えて頂きたいのです」とたずねた。谷口先生は「病気を無いと思おうとするから無いと思えないのです。無いと思おうとする心の中《なか》には、もう病気《びょうき》というものが存在《そんざい》すると前提《ぜんてい》されている。そんな心で『病気は無《な》い』などと考えようと思っても駄目《だめ》である。腹《はら》が減《へ》ったら、この腹が減るのをどうして治《なお》そうと考えても駄目《だめ》である。腹が減ったら御飯《ごはん》を食べれば好《よ》いのである。病気になったら、この病気をどうして治《なお》そうかなどとクヨクヨ考えては駄目《だめ》である。ただ達者になったら好いのである。肉体《にくたい》の達者《たっしゃ》は達者という念《ねん》の現《あらわ》れだから、もう自分《じぶん》は達者だと思ったら好《よ》いのである。達者だと思えないのは心に隙《すき》があるからです。心に隙《すき》があるのは暇《ひま》だからです。働《はたら》きなさい」と被仰《おっしゃ》った。「働いても疲《つか》れるのです」とその青年《せいねん》はいった。谷口先生《たにぐちせんせい》は「働いて疲れるのは、働くために働くからか、自分《じぶん》のために働くからです。これをしてあの人《ひと》を助けてやりたいという気になって働けば疲れないのです。自他一体の力《ちから》——全体の力——神の力が加わるからです。利己《りこ》主義《しゅぎ》のために働いてはくたびれます——全体《ぜんたい》の力が流れ込まないからです。

達者　健康で丈夫なこと

私《わたくし》も会社《かいしゃ》で金《かね》を貰《もら》うために働《はたら》いている間《あいだ》は疲《つか》れました。人《ひと》を助けたい――こう思って『生長《せいちょう》の家《いえ》』を書き出してから疲れなくなったのです」と被仰《おっしゃ》った。

相手《あいて》の心は自心《じしん》の影《かげ》

或《あ》る日、道場《どうじょう》へ或《あ》る修行者《しゅぎょうしゃ》が来て「先日《せんじつ》、日《ひ》の本足袋《もとたび》の松並《まつなみ》さんと色々《いろいろ》話していましたら、松並《まつなみ》さんがいわれるには『争《あらそ》いのある時《とき》には両方《りょうほう》が悪いのである。自分《じぶん》でもこれだけはやり過ぎであるとか無理《むり》であったとかいうことは自覚《じかく》している。しかし、それを自分が悪かったといって詫《あや》まらないのは、相手の悪かった部分《ぶぶん》も一緒《いっしょ》に自分が全部引受《ぜんぶひきう》けて詫《あや》まろうとするから詫《あや》まりにくくなるのである。だから、自分は自分の悪かった部分だけを謝罪《あやま》る。相手と半分《はんぶん》ずつあやまることにしよう』と極《き》めたら、松並《まつなみ》さんの工場《こうじょう》

頭注版㉞一八頁

日の本足袋 日の本足袋株式会社。大正七年創業の大阪市城東区にあった足袋製造会社。本全集第十巻「聖霊篇」下巻第八章、第十二巻「生活篇」等参照

では内部《ないぶ》が大変《たいへん》よく治《おさ》まるようになったとのことです。成《な》る程《ほど》それは好《よ》い考えだと思いました」といった。

「それは大変好《たいへんよ》い考えです」と谷口先生《たにぐちせんせい》は微笑《びしょう》して、「だがその考えには足らぬところがある。それは立ちむかう相手《あいて》の心は皆自分《みなじぶん》の心の影《かげ》だということを見のがしている点《てん》である。半分《はんぶん》だけ自分が悪いが、半分は先方《せんぽう》が悪いと思っている限《かぎ》りは、まだ自分に先方を憎《にく》む心が残っている。先方を憎む心が残っている限りは、自分の心は苦しむし、本当《ほんとう》の心の平和《へいわ》は来ないし、完全《かんぜん》な和解《わかい》は出来《でき》ない。すべてが自心《じしん》の展開《てんかい》だということがさとれて、はじめて、全部《ぜんぶ》があやまり切れ、全部の憎みがとれ、完全な心の平和が来《き》、完全な和解が出来、そこに実相《じっそう》の自分があらわれて、人間《にんげん》はこんなにも楽しく平和でいられるものかと、ただ有難《ありがた》いばかりになるのである」と被仰《おっしゃ》った。

真《しん》の宗教《しゅうきょう》とは

Mさんが長男《ちょうなん》を亡《な》くされた前《まえ》に、毎日《まいにち》須磨《すま》から深切《しんせつ》にその長男を見舞《みま》って下《くだ》さる天理教《てんりきょう》の先生《せんせい》があった。その先生が毎日訪《たず》ねて下さっては、道《みち》の話をして下さったり、おさずけをして下さったりしたが、長男の病気《びょうき》は段々《だんだん》悪くなる一方《いっぽう》であった。どうもその病気が思わしくないので、その天理教の先生はこれは自分《じぶん》の誠《まこと》が足らぬからであると思い、今迄電車《いままででんしゃ》で通《かよ》っていられたのを、須磨《すま》から灘《なだ》まで二里《り》の道を徒歩《とほ》で通《かよ》って病人《びょうにん》を見舞うことにされた。しかしそれでも病気はよくならないで長男は死んでしまった。その天理教の先生は或《あ》る中学《ちゅうがく》の教諭《きょうゆ》をしていたのだが、神様《かみさま》の御用《ごよう》をしたいと思って天理教の布教師《ふきょうし》になったのだそうである。その長男が亡くなった時《とき》にその布教師が説《と》いて、「そういう不幸《ふこう》に遇《あ》うのは因縁《いんねん》が切れておらぬからであ

頭注版㉞一九頁

天理教　教派神道の一つ。天保九年、中山みきが創始

灘　兵庫県南東部、大阪湾北岸の武庫川河口から旧生田川河口にかけての地域名。清酒の産地として知られる灘五郷を含む

中学　旧制中学校。旧制高等学校への進学を目指した男子中等普通教育機関。昭和二十二年に新制の中学校、高等学校に改編された

因縁　物事が生ずる「因」とそれを助ける「縁」とがつながることで結果が生ずること。前世から定まった運命をいうこともある

る。因縁《いんねん》を切るには我《わ》が身《み》忘れて神様《かみさま》の御用《ごよう》をしなければならぬ。肉体《にくたい》の献《けん》労《ろう》の出来《でき》る人《ひと》は、日《ひ》の寄進《きしん》をすると因縁《いんねん》が切れる。献労の出来ぬ人は財産全《ざいさんぜん》部《ぶ》を神様に献《ささ》げると因縁《いんねん》が切れる。財産全部を献げることの出来ぬ人は、幾《いく》らずつでも神様に献げると、それだけずつ因縁《いんねん》が切れる」といった。

この話をMさんから聞かれた時《とき》に谷口先生《たにぐちせんせい》は被仰《おっしゃ》った。「その天理教《てんりきょう》の先《せん》生《せい》はまだ因縁の無い世界へ入《い》る事《こと》を知らないので憐《あわ》れなものだ。罪《つみ》というものをまだまだ実在《じつざい》であると思い、一《ひと》つ一つその借金済《しゃっきんすま》しをしなければならぬと思っている。その借金済《しゃっきんすま》しをするのは、苦しみでつぐなわねばならぬと思っているのである。電車《でんしゃ》に乗るより、徒歩《とほ》する方《ほう》が『誠《まこと》』が出るように思っているが、『誠《まこと》』というものはそんなものではない。『誠《まこと》』とは『完《まった》き事《こと》』——即《すなわ》ち実相《マコト》である。実相《マコト》を知るのが誠《まこと》が出たのであって、電車に乗れば三十分《ぷん》で来られるところを二時間《じかん》も三時間も脚《あし》を苦しめたとて誠《まこと》が出たのではない。苦しみの無《な》い実相《じっそう》がマコトなのである。その脚《あし》を苦しめる時間

献労　身体を使った作業をして奉仕すること

日の寄進　天理教祖の「みがぐらうた」にある言葉。天理教で親神様の守護に感謝を捧げる自発的な行為。ここでは献労を指す

にもっと多勢《おおぜい》の人《ひと》を訪問《ほうもん》して自分《じぶん》の実相《マコト》を出し、相手《あいて》の実相《マコト》を出すことも出《で》来《き》る。病気《びょうき》というものの半分《はんぶん》は、罪《つみ》というものは『苦しみ』という代価《だいか》を払《はら》わなければ消えるものでないと考えている潜在意識《せんざいいしき》がその『苦しみという代価』に支払《しはら》う貨幣《かへい》の一種《いっしゅ》として作ったものであるから、苦しみで借金済《しゃっきんすま》しをしなければならぬと思っている者《もの》には病気は消えにくいし、またその病気が消えても、どうせ苦しみで代価を払わねばならぬという観念《かんねん》が残っているから、別《べつ》の形《かたち》の苦しみを拵《こしら》え上《あ》げて罪の代価を支払わねばならぬという事《こと》になって、病気《びょうき》以上《いじょう》の不幸《ふこう》をその人の人生《じんせい》に潜在意識が作りあげることになる。苦しまなければ罪が消えないのなら宗教《しゅうきょう》は要《い》らぬものである。本当《ほんとう》の宗教というものは、苦しみの世界《せかい》を超脱《ちょうだつ》して、常楽《じょうらく》の世界を教《おし》えるものでなければならぬ。」

潜在意識　人間の意識のうち、自覚を伴わないが心の奥底に潜んでいる意識。全意識の九五パーセントを占め、人間の行動のほとんどはこの影響を受けているとされる。本全集第十一巻「精神分析篇」参照

超脱　超越すること

常楽　常住不変で苦悩がなく、常に安らかで楽しいこと

一切《いっさい》は神の所有《もの》

また谷口先生《たにぐちせんせい》は語をついでいわれた。「すべての持《も》ち物《もの》を神様《かみさま》に献《ささ》げたら、罪《つみ》が消えるというのは本当《ほんとう》である。しかし、すべてを献げることが出来《でき》なかったら少しずつ小出《こだ》しに金《かね》を神様に出したら、出した額《がく》だけ罪という借《しゃっ》金《きん》が消えるというのは少し変《へん》である。すべての持ち物を神様に献げるということは、持ち物を神社《じんじゃ》やお寺や本山《ほんざん》に持って行《ゆ》くことではない。自分の持ち物は一つも無いと悟《さと》ることである。みんな神様のものであると悟ることである。みんな神様のものであると悟れば、もう本山へ持って行《ゆ》くことも要《い》らない。本山にあってもここにあっても自分の持ち物は一つもないと解《わか》る。皆《みな》神様のものであると解《わか》ると、ここにあっても神様のものである。そうすると、形《かたち》の上《うえ》では自分《じぶん》が持っていても神様に献げたことになる。この自分というも

頭注版㉞二一頁

本山　一つの宗教団体の中心施設。または全体を統括するところ

のも神様《かみさま》のものである。そうなると形《かたち》の上《うえ》では自分《じぶん》が持っていても、もう取《とり》扱《あつか》い方《かた》が変《かわ》ってしまう。自分のものとして扱《あつか》わないで神様のものだとして扱う。自分のものだと思うと、出したら減《へ》るように思ったりして持物《もちもの》に引っかかるが、神様のものだと思うと、もう引っかからない。出すべき処《ところ》へは出す。出して減るかというと、すべてのものは神様という大海《たいかい》の中《なか》にあるから、柄杓《ひしゃく》で大海の一方《いっぽう》の水を掬《すく》いとって他《た》の方《ほう》へザーと明《あ》けても掬《すく》ってとった後《あと》へはまた大海《たいかい》の水が元《もと》の通《とお》りに戻《もど》って来ているように、吾々《われわれ》はすべてのものが神様のものだと解《わか》ると自由自在《じゆうじざい》に出しながら、ちっとも自分の手許《てもと》の供給《きょうきゅう》は減らないようになる。」

因縁《いんねん》も罪《つみ》も仮存在《かりそんざい》

頭注版㉞二二頁

或《あ》る日《ひ》、天理教《てんりきょう》の先生《せんせい》が、谷口先生《たにぐちせんせい》を訪《おとず》れてこんな話をした。「私《わたくし》はこの世《よ》にこうして生きていることを大変嬉《たいへんうれ》しいと思います。色々《いろいろ》と善知識《ぜんちしき》に逢《あ》わせて頂《いただ》いてその教《おし》えを聴《き》かせて頂くだけでも生きている甲斐《かい》があると思います。私《わたくし》の先生《せんせい》には色々の方《かた》があります。一燈園《いっとうえん》の西田天香先生《にしだてんこうせんせい》は偉《えら》い方《かた》です。あの人《ひと》のものを読むと、恂々《きょうきょう》として唯《ただ》ひたすら徳《とく》を滅《ほろ》ぼさないことを念願《ねんがん》としていられるように見えます。この点《てん》は偉いは偉いと感《かん》じますが、何《なん》となく窮屈《きゅうくつ》に感じます。そこへ行《ゆ》くと金光教《こんこうきょう》の高橋正雄先生《たかはしまさおせんせい》のものを読むともっと自由《じゆう》な広々《ひろびろ》とした世界《せかい》へ出たような感じがして、ただ私《わたくし》は頭《あたま》が下《さが》ります。しかしまだどことなく一燈園《いっとうえん》の私《わたくし》が悪いという感じが残っています。谷口先生《たにぐちせんせい》のものを見ますと、これは又何《またなん》という自由な、単《たん》に広々としただけでなく、罪《つみ》の無《な》い明るい常楽《じょうらく》の世界が見えて一遍《いっぺん》に天地《てんち》が明るくなったような気がします。さて私《わたくし》は天理教《てんりきょう》の教師《きょうし》として教会長《きょうかいちょう》の話を聴《き》き、時《とき》には私《わたくし》も話させて頂くのですが、天理教では因縁《いんねん》ということを喧《やかま》しくいう。何事《なにごと》も因縁因縁《いんねんいんねん》で縛《しば》られているようにいいます。そういう話を聴《き》き、又《また》

善知識　人々を仏法の正しい道に導く徳の高い人。高僧

一燈園　明治三十八年に西田天香が京都に創立した修養団体。本全集第七巻「生命篇」下巻第十三章、第三十二巻「自伝篇」中巻等参照

西田天香先生　明治五～昭和四十三年。本名は市太郎。長浜八幡神社境内の愛染堂で断食坐禅中、宗教的悟りを得る。その後、一燈園を創始した。主著に『懺悔の生活』がある

恂々　おそれおののくさま

金光教　教派神道の一つ。安政六年、赤沢文治（川手文治郎）が創始

高橋正雄先生　明治二十～昭和四十年。金光教団の幹部として教団の基礎を確立した。本全集第四巻「実相篇」下巻第十二章、第十巻「聖霊篇」下巻第十章等参照

自分《じぶん》もそういう話をしていると、何《なん》だか人生全体《じんせいぜんたい》が縛《しば》られているような暗い感《かん》じに襲《おそ》われて来るような感じがするのです。」

「恟々《きょうきょう》としてただひたすら徳《とく》をほろぼさざらんことを願《ねが》うというのは、徳《とく》というものを自分が積《つ》み上《あ》げて往《い》って、蓄積《ちくせき》したもののような感じがしているからです」と谷口先生《たにぐちせんせい》は被仰《おっしゃ》った。「しかし、本当《ほんとう》は吾々《われわれ》の徳《とく》というものは、自分が積み上げて往《い》って蓄積したものではないのです。これを知らねばなりません。吾々の徳というものは既に吾が実相の中にあるのです。吾が実相が神であって、その中に万徳が既に備わっているのです。一《ひと》つ一つの行為《こうい》の徳《とく》はこの『実相《じっそう》の万徳《ばんとく》』の顕現《けんげん》に過《す》ぎないのです。だから吾々《われわれ》の徳《とく》というものは滅《ほろ》ぼそうと思っても滅びるものではないのです。それを知れば本当に明るい無畏《むい》の世界《せかい》に出られるのです。自分が神の子であって既《すで》に万徳《ばんとく》が備《そな》わっているのですから、動けば必《かなら》ず——どう動いても——善徳《ぜんとく》とならずにいないのです。因縁《いんねん》とか罪《つみ》とかいうものは、この実相の万徳《ばんとく》の力《ちから》に対《たい》しては無《む》の

私が悪いという感じ 一燈園が説く「懺悔」の心を言い表した言葉

無畏 動じることなく、おそれないさま

力《ちから》しかない。あるように見えても存在《そんざい》しないのです。無論《むろん》『因縁《いんねん》』という側《がわ》から観《み》れば因縁《いんねん》はあるように見える。『罪《つみ》』という側《がわ》から見れば罪はあるように見える。それは曇《くも》っている時《とき》に、下界《げかい》から見れば雲があるように見えるようなものです。しかし雲の上《うえ》へあがって見たら太陽《たいよう》が煌々《こうこう》と照《て》り輝《かがや》いている青空《あおぞら》が既《すで》にそこにあるのです。実相《じっそう》の中《なか》へ跳《と》び入《い》れば因縁《いんねん》を超越《ちょうえつ》するというのはそれです。因縁《いんねん》とか罪とかいうものは実相ではない、仮存在《かりそんざい》であるから、それを心でつなぎ止めておかなければ消えてしまうのです。雲でも起《おこ》ればそれを硝子《ガラス》の箱《はこ》へでも入れてつなぎ止めておけば中々《なかなか》消えないが、箱で囲《かこ》まずに、放《ほう》っておけばひとりでに雲散霧消《うんさんむしょう》してしまう。それと同じく『この因縁《いんねん》を、この罪をどうしたら無《な》くなるか』と心に引っかけておくことは因《いん》縁《ねん》とか罪とかいう仮存在《かりそんざい》を硝子箱《ガラスばこ》の中《なか》へ入れてつなぎとめておくことになる。そんな因縁《いんねん》とか罪とかいうものに心を引っかけないで、我《わ》れ神の子なる実相の自覚《じかく》の中《なか》へ跳《と》び込《こ》んでしまいなさい。因縁《いんねん》はひとりでに切れてしまう

煌々　きらびやかに輝くさま

雲散霧消　雲が散って霧が消えるように、あとかたもなく消えうせること

のです」とつづいて谷口先生《たにぐちせんせい》は被仰《おっしゃ》った。

我《わ》が身《み》は無《な》い

その天理教《てんりきょう》の先生《せんせい》は語をついでいった。「私《わたくし》が天理教の教師《きょうし》になりましたのは、最初《さいしょ》は弟の命《いのち》を助けたいためであったのです。弟が或《あ》る日《ひ》、遺書《いしょ》を書いて家出《いえで》しました。私《わたくし》はどんなにでもして弟の命《いのち》を助けたいと思い、天理教の神様《かみさま》に『私《わたくし》たち夫婦《ふうふ》の身体《からだ》と持物《もちもの》の一切《いっさい》とを神様に献《ささ》げて御用《ごよう》に使って頂《いただ》きますから、どうぞ弟の命《いのち》をお救《たす》け下《くだ》さい』と祈《いの》りました。すると二日程《ふつかほど》すると家出をした弟から一枚《まい》の葉書《はがき》が来ました。その葉書には『自分《じぶん》は死のうと思って馬入川《ばにゅうがわ》へ跳《と》び込《こ》んだがどうしても沈《しず》まない。仕方《しかた》がないから今度《こんど》は萱原《かやはら》に火をつけて日本武尊《やまとたけるのみこと》のようにその火の真中《まんなか》に坐《すわ》っていたが、どうしても自分の身体《からだ》に火が燃《も》え移《うつ》らないので自殺《じさつ》に失敗《しっぱい》した。しか

頭注版㉞二五頁

馬入川　神奈川県中央部を流れて平塚市で相模湾に注ぐ相模川の河口付近の呼称

萱原　茅(かや)の生い茂っている野原。茅原

日本武尊　倭建命。第十二代景行天皇の皇子で第十四代仲哀天皇の父。勅命によって熊襲(くまそ)を討ち、後に東征して蝦夷(えぞ)を平定した。帰途、病のため能煩野(のぼの)で薨去した。記紀に多くの歌謡も織り込んだ伝承が記されている

し今度《こんど》こそは間違《まちがい》のない死にようをする』と書いて終《おわ》っていました。それで私《わたくし》はまた一心《いっしん》に祈《いの》りました。すると又《また》、四、五日《にち》すると弟が警察《けいさつ》の方《ほう》から送られて帰って来たのです。訊《き》いてみると、今度こそ失敗《しっぱい》のない死にようをするというのは兵児帯《へこおび》で首を縊《くく》って松の木にぶらさがることだったのです。しかしそれでも死ねなかった。突然《とつぜん》その木の枝《えだ》が折れて弟は高い所《ところ》から地上《ちじょう》にしたたか転落《てんらく》したのです。その時《とき》、弟は初めてハッと気がついたのです。自分《じぶん》がいくら死のう死のうと思っても死なせない不思議《ふしぎ》な力《ちから》が働《はたら》いている、自分を生かしている力は自分の力でないと気がついたのです。それで今迄《いままで》の事《こと》を有体《ありてい》に打ち明けて、どうにでもこの身体《からだ》をして下《くだ》さいと警察へ身を抛出《ほうりだ》したのでした。そういうわけで弟は命拾《いのちびろ》いをして帰って来ましたが、神様に弟の命《いのち》を救《たす》けてもらったのでございますから、私《わたくし》は約束通《やくそくどお》り、自分達夫《じぶんたちふう》婦《ふ》の身体《からだ》と一切《いっさい》の持物《もちもの》を神様《かみさま》に献《ささ》げて御用《ごよう》に立てて頂《いただ》かなければなりません。それで早速《さっそく》私《わたくし》は大阪《おおさか》の某教会長《ぼうきょうかいちょう》のところへ私《わたくし》の持物《もちもの》——家財道具一《かざいどうぐいっ》

兵児帯　男性や子供の着物に締める帯

有体に　ありのままに

切《さい》を持って行って、『どうぞこれを売って神様《かみさま》の御用《ごよう》にお立て下《くだ》さい』とその全部《ぜんぶ》を差出《さしだ》したのでした。持物《もちもの》は全部献《ささ》げましたが、私《わたくし》にはその時《とき》三千円の借金《しゃっきん》がありました。現実界《げんじつかい》で職業《しょくぎょう》を持って働《はたら》いていましたならば、その借金を返すだけの金《かね》の儲《もう》かる時も来るでしょうが、天理教《てんりきょう》の布教師《ふきょうし》になってしまえば金《かね》の儲かる時がないからその三千円の借金を返す時がない。しかし借金があるのを金《かね》がないからとて踏《ふ》み倒《たお》すのは本当《ほんとう》でない気がする。これはどうしたら好《よ》いだろうというので丹羽市《たんばいち》の天理教の本部《ほんぶ》へ往《い》って事情《じじょう》を打《うち》明《あ》けて相談《そうだん》しました。すると本部の先生《せんせい》がいうには『そんな三千円なんて返さないでも好《よ》い！』というのです。『それでも借りたものを返さないでは借金済《しゃっきんすま》しが出来《でき》ていないようで心苦《こころぐる》しくて仕方《しかた》がない』と私《わたくし》が申《もう》しますと、『あんたの借金はそんな三千円位《くらい》ではない、ほかにもっとたくさんの借金がある』と申すのです。『私《わたくし》はそんなたくさんの借金をした覚《おぼ》えはありません。』『たくさんもたくさん、あんたは無限《むげん》の借金を有《も》っている。それ

三千円　現在の約六百万～九百万円に相当する

丹波市　現在の奈良県天理市の地名。奈良と初瀬（はせ）とを結ぶ上街道の集落として発展した。石上神宮や天理教本部がある

を返さねばならぬから、三千円位《えんくらい》の借金《しゃっきん》のことはいうておられん』というのです。『そんなにたくさんの借金をした覚《おぼ》えはありません。』『借金というのは、あんたの過去《かこ》からの因縁《いんねん》じゃ。その無限《むげん》の借金を払《はら》う道《みち》を考えないと三千円位の借金の事《こと》はいうていられん。』『その無限の借金を払う道はどうしたら好《よ》いのですか。』『それはあなたが発心《ほっしん》した通《とお》り、我《わ》が身《み》忘れて皆《みん》な神様《かみさま》の御用《ごよう》に献《ささ》げてしもうたら好《よ》い。我《わ》が身《み》忘れて神様に皆《みん》な献げてしもうたら、もう自分《じぶん》の身でないから借金は神様が払うて下《くだ》さり、すべての借金は消えてしまう。』こういわれてみますとそれも道理《どうり》のような気が致《いた》しますが、私《わたくし》はこんな堅苦《かたくる》しい性質《せいしつ》のものですから、実際《じっさい》に何《なん》とかその三千円を処置《しょち》しなければ承知《しょうち》が出来《でき》ません。『それでは実際問題《じっさいもんだい》としてその借金をどうしたら好《よ》いのですか』といいますと、本部《ほんぶ》の先生《せんせい》は『あんたがそんなに気にかかるのなら、その借金の貸主《かしぬし》のところへ往《い》って、実《じつ》はこうこういうわけでわが身《み》を神様に献《ささ》げる決心《けっしん》したんだから、その借金は勘弁《かんべん》して下《くだ》さい、とすべ

発心　信仰の道に入る心を起こすこと

道理　物事の正しいすじみち。ことわり

てを打ちあけてあやまんなさい』というのです。それで私《わたくし》は東京《とうきょう》にいる債《さい》権者《けんしゃ》の所《ところ》へ出掛《でか》けて行《ゆ》きました。借金《しゃっきん》は二千円と千円と二口《ふたくち》ありました。先《ま》ず二千円の貸主《かしぬし》の所へ参《まい》りまして、実はこうこういうわけでと話しますと、叱《しか》られるかと思いの他《ほか》その貸主《かしぬし》が『よう君《きみ》はそういう殊勝《しゅしょう》な決心《けっしん》になったね』と感心《かんしん》してくれまして、『そういうわけなら君の借金今棒引《いまぼうび》いてやる』と眼《め》の前《まえ》で借用証文《しゃくようしょうもん》に棒を引いてくれました。その次には千円の貸主《かしぬし》の所へ参りましたが、この貸主《かしぬし》は、前々《まえまえ》からきいていますところでは一銭《せん》の貸金《かしきん》でも残っていたら取立《とりた》てずにはおかないというような因業《いんごう》な人《ひと》だということですから事情《じじょう》を話してさて何《なに》をいわれるかと身体《からだ》を縮《ちぢ》めて俯向《うつむ》いて畏《かしこ》まっていますと、その貸主《かしぬし》は、『君あのひとにも二千円の借金があったねえ。あれはどうした?』というのです。『あれはここへ来る前《まえ》に立寄《たちよ》りまして事情をお話《はなし》しますと、眼《め》の前で借用証文に棒を引いて下《くだ》さいました』と申《もう》しますと、『そうか棒をひいてくれたか！　あのひとが棒を引いたのならわしも

債権者　金銭を借りた者に対してその返還を請求する権利を持つ貸し手
二千円　現在の約四百万～六百万円に相当する
千円　現在の約二百万～三百万円に相当する
殊勝　感心なさま。けなげなさま
棒引く　帳簿の記載を棒を引いて消すことより、借金を帳消しにすること。棒引き
一銭　一円の百分の一。現在の二～三十円に相当する
因業　頑固で欲が深く、無慈悲なさま

棒《ぼう》を引いてやる。わしも長年《ながねん》の間《あいだ》に色々《いろいろ》と貸金《かしきん》も倒《たお》されたが、今度《こんど》のように気持《きもち》よう倒されたことはない。あんまり気持《きもち》の好《よ》い倒されようだから、一《ひと》つ祝《いわ》いに、君《きみ》に御馳走《ごちそう》をよんでやる』といわれまして、借金《しゃっきん》を棒引《ぼうび》いてもらいました上《うえ》に、牛肉《ぎゅうにく》のスキ焼《やき》までよばれました。因業《いんごう》な金貸《かねかし》だと思っていたこの人《ひと》までこんな気になって借金を棒引《ぼうび》きして下《くだ》さる。我《わ》が身《み》忘れて神様《かみさま》にみんな献《ささ》げたら無限《むげん》の借金が消えてしまうのは本当《ほんとう》であると、有難《ありがた》くその時《とき》お蔭《かげ》を頂《いただ》いたわけでありました。」「それはなかなか好《よ》いお蔭《かげ》をお頂きでした」と谷口先生《たにぐちせんせい》は被仰《おっしゃ》った。「わが身《み》忘れて神様にみんな献げるということは、我が身は無いという実相《じっそう》を知ることです。天地間に神様のほかに何もない。天地間みんな神様であり、みな神様のものであると知ることです。天《てん》地間《ちかん》が、みんな神様のものであれば、そこに自分《じぶん》の造《つく》った業《ごう》というものの無《な》いことが判《わか》る。自分の造った因縁《いんねん》のないことが判《わか》る。これが判《わか》ると、その人は本来業《ほんらいごう》の無《な》い世界《せかい》、因縁《いんねん》の無《な》い世界へ出たのです。天理教《てんりきょう》でいえば因縁《いんねん》が

倒された　借金を踏み倒された

切れたことになるのです。生命《せいめい》の実相《じっそう》の中《なか》へ跳入《ちょうにゅう》すれば、もう因縁《いんねん》は無《な》いのです。」それは極《きわ》めて明快《めいかい》な調子《ちょうし》であった。

或《あ》る婦人《ふじん》の話

谷口先生《たにぐちせんせい》が生長《せいちょう》の家《いえ》の京都《きょうと》の集《あつま》りにお出《い》でになった時《とき》、一人《ひとり》の年若い美しい娘《むすめ》がこういう話をした。「私《わたくし》は先日《せんじつ》、物干台《ものほしだい》へあがって用事《ようじ》を済《す》まして降《お》りようとしますと、履《は》いていた下駄《げた》が不意《ふい》にわれまして、はずみを食ってコンクリートの土間《どま》に墜落《ついらく》しました。その物干台は三階位《かいくらい》の高さのある処《ところ》なのです。したたか腰骨《こしぼね》のところを打ちましたが、ウーンと怺《こら》えて倒《たお》れたまま心の中《なか》で神想観《しんそうかん》していますと、家人《かじん》がやって来まして、目《め》を廻《まわ》しているようだ、大丈夫《だいじょうぶ》だろうかといって顔《かお》に水を吹《ふ》きかけてくれました。私《わたくし》は起《お》き上《あが》って患部《かんぶ》を見ましたが赤く脹《は》れあがって疼《うず》くのです。これは余程《よほど》強く打

跳入 とび入ること

頭注版㉞二九頁

神想観 著者が啓示によって得た坐禅に似た観法。本全集第十四、十五巻「観行篇 神想観実修本義」参照

疼く ずきずき痛む

ったので肉ばなれがしたのであろうと思いましたが『生命《せいめい》の實相《じっそう》』を読んだら治《なお》ると思いまして、披《ひら》いて読もうとしましたが、腰《こし》が疼《うず》くために頭《あたま》がボンヤリしてしまって何《なに》を読んでいるのかわけがわからないのです。仕方《しかた》がありませんので、聖経《せいきょう》『甘露《かんろ》の法雨《ほうう》』を意味《いみ》が解《わか》っても解《わか》らなくとも朗読《ろうどく》することに致《いた》しました。三度《ど》ばかり繰返《くりかえ》し読んでいるうちに眠《ねむ》くなったので眠ってしまいました。翌朝眼《よくちょうめ》がさめて昨日《きのう》打った所《ところ》を見ますと、腫《はれ》はひいてその痕《あと》が紫色《むらさきいろ》になっていました。まだ少し痛《いた》んでいましたが、ちょうどその日は大掃除《おおそうじ》の日でしたので、煤払《すすはら》いや拭《ふ》き掃除《そうじ》を一所懸命《いっしょけんめい》やっていましたら、その間《かん》スッカリ腰の痛みを忘れていました。すると午後《ごご》の三時頃《じごろ》に兄が来まして『どうじゃ、もう腰は治《なお》ったろう』と申《もう》しました。その言葉で気がついてみますと、もうスッカリ腰の痛みが治《なお》っていました。こんなに早く治《なお》ったのは一《ひと》つには『生命《せいめい》の實相《じっそう》』の中《なか》の『甘露《かんろ》の法雨《ほうう》』を誦《よ》まして頂《いただ》いたのと、もう一つは『生長《せいちょう》の家《いえ》』の信仰《しんこう》に入《い》らして頂きまして、不幸《ふこう》も病気《びょうき》も

聖経『甘露の法雨』 昭和五年に著者が霊感によって一気に書き上げた五〇五行に及ぶ長詩。『甘露の法雨』の読誦により、今日に至るまで無数の奇蹟が現出している

煤払い 年末に大掃除をしてすすや埃を払うこと。元来は十二月十三日に行われていた

本来無《ほんらいな》いということを知らして頂《いただ》いていたお蔭《かげ》だと存《ぞん》じます。有難《ありがと》うございます」と挨拶《あいさつ》した。この娘《むすめ》さんはほかの誌友《しゆう》たちが三十分間《ぷんかん》の神想観《しんそうかん》がなかなか辛《つら》くて出来《でき》ないといわれるのに「私《わたくし》は神想観《しんそうかん》をしていますと唯《ただ》うれしいばかりで、いつまでも神想観《しんそうかん》をしていたいと思います。誰《たれ》かが私《わたくし》の神想《しんそう》観中《かんちゅう》私《わたくし》の顔《かお》を見ていましたら、きっと私《わたくし》、顔は笑っているに違《ちが》いありません」というのだった。

心は無《な》い

谷口先生《たにぐちせんせい》の同じく京都《きょうと》へお越《こ》しになったときに、体重《たいじゅう》二十三貫《がん》という立派《りっぱ》な体躯《たいく》の男がこんな話をした。「私《わたくし》はかつてひどい神経衰弱《しんけいすいじゃく》にかかりまして、道《みち》を歩いていても心臓《しんぞう》が苦しくなって来て今《いま》にもそこへぶっ倒《たお》れて死んでしまいそうな恐怖《きょうふ》に悩《なや》まされたものでした。諸方《しょほう》の医者《いしゃ》にかかっても治《なお》

頭注版㉞三〇頁

二十三貫 約八六キログラム。一貫は約三・七五キログラム

体躯 体つき

神経衰弱 心身過労などを誘因として神経系統の働きが低下し、神経過敏・脱力感・不眠などの症状を呈する疾患。アメリカの医師G・M・ビアードが一八八〇年に初めて用いた用語

らない、色々《いろいろ》の民間療法《みんかんりょうほう》を受けても治《なお》らない。そのうちに江間式心身鍛錬法《えましきしんしんたんれんほう》を習《なら》いましたがこの江間式《えましき》では末那識《まなしき》とか、阿頼耶識《あらやしき》とか心を七つにも八つにも分けて説明致《せつめいいた》します。その説明が暗示《あんじ》となって、私《わたくし》の心が分裂《ぶんれつ》しまして一《ひと》つの一貫《いっかん》した自分《じぶん》というものがなくなりました。眼識《げんしき》、耳識《にしき》というように六識《しき》が各々別々《おのおのべつべつ》になりまして、見る自分と、聴く自分とが離《はな》ればなれになって実《じつ》に変《へん》な具合《ぐあい》になりました。その頃《ころ》私《わたくし》は大阪《おおさか》で順正療法《じゅんせいりょうほう》というのを受けました。手のひら治療《ちりょう》のようにしばらく下腹《したはら》に掌《て》を按《あ》てて念《ねん》じてくれましたが、その時《とき》は大変好《たいへんよ》い気持《きもち》でした。そこの先生《せんせい》がその時『君《きみ》は心を五《いつ》つも六《むっ》つにも使うからいかん。心は無いと知りなさい』といってくれた。この心が無《な》いということを聞かされました結果《けっか》、もうどうしようこうしようと計《はか》らう心も恐《おそ》れる心もなくなりまして、それ以来又々肥《いらいまたまたこ》えて、唯今《ただいま》では二十三貫《がん》も体重《たいじゅう》があるようになりました。心は無いというのは生長《せいちょう》の家《いえ》の説《と》き方《かた》も同じだと思います。私《わたくし》には以前《いぜん》にこういう体験《たいけん》があるので唯今《ただいま》『生長の

民間療法　古くから民間に伝承されてきた療法

江間式心身鍛錬法　弁護士で政治家であった江間俊一が開発し、大正から昭和にかけて一世を風靡した。腹式呼吸法と禅式の静座法を基本とする

末那識　仏教の「唯識説」で心の本体を八つの「識」に分けた第七識。迷いの根源とされる自我意識

阿頼耶識　仏教の「唯識説」で心の本体を八つの「識」に分けた第八識。すべての現象の展開する根源とされる

手のひら治療　患部に手のひらをかざし、そこから出るプラナ（生命磁気）によって治療する療法

家』の被仰《おっしゃ》るところがよく解《わか》ります。心がありと思えばその心で、とやかく思《おも》い煩《わずら》わねばなりませんけれども、心はないと知った時、もうとやかく思い煩う必要《ひつよう》はなくなります。」

この話をきいて、谷口先生《たにぐちせんせい》は「君《きみ》は大分悟《だいぶさと》っている」と被仰《おっしゃ》った。

悪い自分《じぶん》は無《な》い

和歌山《わかやま》の熱心《ねっしん》な或《あ》る婦人誌友《ふじんしゆう》が、或《あ》る日《ひ》、見真道場《けんしんどうじょう》を訪《おとず》れて谷口先生に心の修養《しゅうよう》の悩《なや》みを訴《うった》えた。そして「善《よ》くなろうと思っても中々《なかなか》善《よ》くなれない自分を考えると、毎晩《まいばん》心が痛《いた》んで眠《ねむ》れません」と申上《もうしあ》げた。

すると、谷口先生は「悪い自分で善《よ》くなろうと思うから善《よ》くなれないのだ。悪い自分は無いのだから、無い自分で善《よ》くなろうと思っても善《よ》くなれるものではない。『悪い自分は無いものだ』と知ったら、ひとりでに善《よ》い自分

頭注版㉞三三頁

見真道場　「生長の家」草創期は神戸・住吉の著者の自宅が本部を兼ねており、また来訪者のための真理研鑽の場としての道場ともなっていた

修養　徳を培い、人格を高めるよう努めること

が出て来るのだ。今《いま》悪い心で、その心で心を直《なお》そうと思っても直るものではない。そんな心は無いのだと知ったら悪い心が消えて、ひとりでに善《よ》い心が出て来るのだ」と被仰《おっしゃ》った。

その婦人《ふじん》誌友《しゆう》は、今迄《いままで》二十日間《はつかかん》ばかりほとんど眠《ねむ》れなかったが、谷口先生《たにぐちせんせい》からその話をきいたその晩《ばん》から安心《あんしん》して直《す》ぐ眠れるようになったということである。

谷口先生を東京《とうきょう》に迎《むか》えて

谷口先生が東京へ引越《ひっこ》して来られたその日からしとしとと東京は雨が降《ふ》り続《つづ》いた。「関西《かんさい》の誌友《しゆう》たちの悲しみの念波《ねんぱ》がこんなにも空を曇《くも》らせ、雨を降らせるのかと思うと、悲しい」と谷口先生は被仰《おっしゃ》った。「この雨が降るのは一《ひと》つには、私《わたくし》の心が乱《みだ》れているから、それが外界《がいかい》に映《うつ》っているのだよ」と

頭注版㉞三二頁

東京へ引越して　著者一家は昭和九年八月二十九日に神戸を出発して翌三十日に東京に到着した

念波　人が放つ思いや感情が起こす波動

も被仰《おっしゃ》った。

先生《せんせい》の山の家《いえ》は、まだ荒壁《あらかべ》のままで上壁《うわかべ》の塗《ぬ》れていない処《ところ》が多かった。塗り立ての壁の乾《かわ》くひまもなく、雨はじめじめと降《ふ》り続《つづ》いた。新しくしつらえた書棚《しょだな》にも、その上に載《の》せられた書物《しょもつ》にも、蒲団《ふとん》にも黴《かび》が生《は》えた。クロースの表紙《ひょうし》はひん曲《まが》って色が褪《あ》せた。

「ああ、この姿《すがた》は私の心の姿そっくりだよ」と谷口先生《たにぐちせんせい》は被仰《おっしゃ》った。

「あんなに毎日《まいにち》、多勢《おおぜい》の人《ひと》が来られるのに、それを放下《ほか》しておいて東京《とうきょう》へ行《ゆ》きなさるのか」と、住吉《すみよし》を発《た》つとき近所《きんじょ》の駄菓子屋《だがしや》の婆《ばあ》さんがいった言葉を先生の奥様《おくさま》は思出《おもいだ》していると被仰《おっしゃ》った。駄菓子屋の婆さんは、こんなにたくさんの常顧客《おとくい》を残して行《ゆ》くのは惜《お》しいという意味《いみ》でいったのであったが、別《べつ》の意味で先生御夫婦《せんせいごふうふ》は多勢《おおぜい》の人に気《き》の毒《どく》なことをしたと思っていた。

東京の委員《いいん》たちは「先生にこんな不自由《ふじゆう》させるのは吾々《われわれ》委員の手落《ておち》でございます。誠《まこと》に申訳《もうしわけ》がございません」と皆《みん》なへりくだって詫《わ》びるのであっ

山の家　著者の東京移転後の自宅。「お山」の愛称で呼ばれた
荒壁　左官工事における下塗り
上壁　日本壁の仕上げに塗った壁。日本壁の左官の技術は令和二年にユネスコの無形文化遺産に登録された
しつらえる　こしらえて設ける
クロース　本の表紙に用いる加工した布
放下す　捨て去ること

た。そのうちには「二十八日《にち》にはまだまだ家《いえ》が出来《でき》上《あが》らないことを先生《せんせい》にお知らせしたらと思いましたが、ほかの人《ひと》の謀《はか》らいを妨《さまた》げてはならないと思って黙《だま》っていたためにこういう御迷惑《ごめいわく》をおかけしました。先生に御不自由《ごふじゆう》をかけたのは私《わたくし》の罪《つみ》です。こんどの事《こと》で、気のついたことは何《なん》でも勇敢《ゆうかん》に言うのが愛の道《みち》だということをよく判《わか》らせて頂《いただ》きました」というものもあった。

「みんなすべての人の心の影《かげ》です。悪ければみんな悪いのです。しかし悪い姿《すがた》は、そう見えてもそれは無いのですから、それは見ないことに致《いた》しましょう。たとい雨が降《ふ》っていても、曇《くも》っていましても、なお雲の上《うえ》には日光《にっこう》の照《て》り輝《かがや》いている青空《あおぞら》の実相《じっそう》があるのですからね。その実相の世界《せかい》に跳《と》び入《い》ることに致《いた》しましょう」と先生は被仰《おっしゃ》った。

「先生にそういわれませぬとも、私達《わたくしたち》は嬉《うれ》しいばかりでございます。先生をお近くへお迎《むか》えしたその喜《よろこ》びで私達《わたくしたち》は一杯《いっぱい》でございます。奥様《おくさま》から関西《かんさい》の誌友《しゆう》たちから来たお別れの悲しみの手紙《てがみ》を読んできかせて頂《いただ》いていますと

たとい　「たとえ」に同じ

きには、流石《さすが》に眼頭《めがしら》が熱《あつ》くなって来ましたけれども、もう、その手紙《てがみ》の朗読《ろうどく》が済《す》みますと、吾々《われわれ》は嬉《うれ》しいばかりですから、関西《かんさい》の誌友皆様《しゅうみなさま》の悲しみは別《べつ》世界《せかい》の、無《な》い世界のことのような気が致《いた》します」と東京の誌友《しゆう》たちはいうのであった。

少年《しょうねん》の夭折《ようせつ》を憂《うれ》えて

谷口先生《たにぐちせんせい》が山の家《いえ》へお移《うつ》りになって二、三日すると一人《ひとり》の母親《ははおや》が十五、六歳《さい》の少年《しょうねん》を伴《つ》れて来《き》て、「私《わたくし》は生長《せいちょう》の家《いえ》によって大変救《たいへんすく》われました」と御《ご》挨拶申上《あいさつもうしあ》げた。「だいいちこの子供《こども》が救われました。生長の家を知らなかったら今頃《いまごろ》はもうこの子供は死んでしまっていたかも知れません。青山学院《あおやまがくいん》の三年生《ねんせい》だったのですが、治《なお》るにしても三、四年かかると思いまして学校《がっこう》を退《たい》学《がく》させたのでございます。ところが生長の家を知らせて頂《いただ》きまして聖典《せいてん》『生《せい》

頭注版㉞三四頁

夭折　若くして死ぬこと

青山学院　東京都渋谷区にあるキリスト教系私立学園。明治初期に開設された前身校が合流して明治三十七年に青山学院および青山女学院として専門学校の認可を受けた。昭和二十四年に新制大学となった

命《めい》の實相《じっそう》』を読ませて頂《いただ》き、伊東《いとう》さんに大黒《だいこく》さんを彫刻《ちょうこく》して頂きましたのが御縁《ごえん》になり、伊東さんが来て下《くだ》さいまして『何《な》アにこんな病気位《びょうきくらい》大した病気ではない、もう治《なお》っているんだから起きなさい』などと力《ちから》を附《つ》けて下さいまして、逗子《ずし》へ一緒《いっしょ》に伴《つ》れて行《い》って随分乱暴《ずいぶんらんぼう》なと思われるような水泳《すいえい》などをさせられましたが子供《こども》はそれ以来元《いらいげん》気《き》になりまして、この新学期《しんがっき》からまた通学《つうがく》するように再入学《さいにゅうがく》の手続《てつづき》致《いた》しましたら、青山学院《あおやまがくいん》の主事《しゅじ》の佐藤先生《さとうせんせい》が驚《おどろ》かれまして『そんなに退学《たいがく》して三、四年も養生《ようじょう》しなければならぬ病気が、どうしてそんなに二、三ヵ月《げつ》で快《よ》くなったのだ』とお尋《たず》ねになりましたので、『生命《せいめい》の實相《じっそう》』という本を読んで治《なお》りましたと申上《もうしあ》げましたら、佐藤先生は『そんな善《よ》い本があるのなら私《わたくし》も一度《ど》読みたいものじゃ。私《わたくし》は宗教的《しゅうきょうてき》信仰《しんこう》はないが、多勢《おおぜい》の青年《せいねん》を取扱《とりあつこ》うているのだから、そういう本を読んで本当《ほんとう》に青少年《せいしょうねん》を救《すく》う道《みち》を知りたいものじゃ』と被仰《おっしゃ》いました。近いうちにその先生《せんせい》に『生命《せいめい》の實相《じっそう》』を持って往《い》ってお上《あ》げしたいと思います」と申上《もうしあ》

伊東さん　伊東種。明治三十八～昭和四十八年。彫刻家。昭和九年の生長の家本部の東京移転に尽力した。日本教文社に勤務。新美術協会を設立し、同協会出版部より随筆集『無韻の美』を出版した

大黒さん　七福神の一柱である大黒天の像。大国主命と同一視され、福徳の神とされている。伊東種が美の喜びを大衆の生活に役立てたいと願って生長の家信徒などに像を贈ったことが同氏著『無韻の美』に記されている

逗子　神奈川県南東部の地名。昭和二十九年に市制が施行された

げた。

「青少年《せいしょうねん》を指導《しどう》する役目《やくめ》の学校《がっこう》の先生《せんせい》や校医《こうい》が生長《せいちょう》の家《いえ》に入《はい》ってくれると人類《じんるい》の青少年時代《せいしょうねんじだい》の夭折《ようせつ》がどんなに減《げん》ずるか判《わか》りません。しかし子供《こども》の健康《けんこう》をよくする道《みち》は、父母《ふぼ》に当《あた》る夫婦《ふうふ》が調和《ちょうわ》するにある。夫婦の道が紊《みだ》れては駄目《だめ》だ」と谷口先生《たにぐちせんせい》は被仰《おっしゃ》った。

自分《じぶん》の尺度《しゃくど》を捨《す》てよ

谷口先生が渋谷《しぶや》の山の家《いえ》へお移《うつ》りになって、まだ数日《すうじつ》しか経《た》たない頃《ころ》であった。先生《せんせい》のお部屋《へや》へ通《つう》ずる横道《よこみち》を一人《ひとり》の婦人《ふじん》が悲《かな》し気《げ》な表情《ひょうじょう》をして上《あが》って来た。それは先生の面会時間《めんかいじかん》でなかったが、先生はお忙《いそが》しそうにも拘《かかわ》らず快《こころよ》くお会《あ》いになった。

「私《わたくし》はこの春から大阪《おおさか》の誌友《しゆう》に紹介《しょうかい》されて生長《せいちょう》の家《いえ》に入《い》れて頂《いただ》いたもので

頭注版㉞三六頁
尺度　ものさし。物事を評価する基準ございます。それまでは胃腸《いちょう》が悪くて、始終《しじゅう》胸《むね》が痞《つか》えたり下痢《げり》したりしておりましたが、聖典《せいてん》を読みまして以来《いらい》私《わたくし》の胃腸は治《なお》りました。しかしまだ不眠症《ふみんしょう》と神経衰弱《しんけいすいじゃく》とが残っております。何《なん》とかしてそれを治《なお》したいと思うのでございますが、どうしても治《なお》りません。時々《ときどき》子供《こども》二人《ふたり》を伴《つ》れて自決《じけつ》したいと思う位《くらい》の時《とき》がございます。それについてどうしたらこの神経衰弱が治《なお》るか直接《ちょくせつ》お教《おし》え願《ねが》いたいと思ってまいりました」と真情《しんじょう》おもてに顕《あらわ》れていうのであった。

「神経衰弱といっても神経《しんけい》の絃《いと》が衰弱《すいじゃく》しているのではありません。心が悩《なや》んでいるから、その悩みがあらわれて神経衰弱となり不眠症となるのです。何《なに》か家庭《かてい》の中《なか》に悩みがあるのではございませんか」と谷口先生《たにぐちせんせい》はお尋《たず》ねになった。

「実《じつ》は良人《おっと》はある輸出入商《ゆしゅつにゅうしょう》につとめておりましたが」とその婦人《ふじん》は話し出した。「自分《じぶん》で自分の良人《おっと》を賞《ほ》めるのも変《へん》でございますが、良人《おっと》は商売《しょうばい》の上《うえ》

自決　自殺すること

真情　いつわりのない心。まごころ

おもて　顔。顔つき

絃　弦楽器の糸。ここではそれに例えた

では手腕家《しゅわんか》でございまして、その店《みせ》から洋行《ようこう》もさせてもらいまして、随分《ずいぶん》その店をして大きな儲《もう》けをさせたのでございました。それから後商売《のちしょうばい》のコツを覚えたと申《もう》しまして独立《どくりつ》して輸出入商《ゆしゅつにゅうしょう》を始《はじ》めましたが失敗致《しっぱいいた》しました。失敗しました頃《ころ》からお酒を飲み始めまして、一時病気《いちじびょうき》で医者《いしゃ》からお酒を止《と》められたのでございますが、少し病気がよくなりますと、またお酒を始めたのでございます。唯今主人《ただいましゅじん》の才能《さいのう》を見込《みこ》んで或《あ》る二《ふた》つの輸出商品《ゆしゅつしょうひん》の管理《かんり》をしてくれといわれまして、そこで働《はたら》いているのでございますが、商売上《しょうばいじょう》の交《こう》際《さい》で已《や》むを得《え》ず酒を飲むと申されるのでございます。酒をお飲みになったら身体《からだ》にお悪いですからお飲みなさるなと申しますと、医者は何《なん》といっても、わしは仕事《しごと》に頭《あたま》を使うから酒を飲まぬと神経《しんけい》が休まらぬといってよそで飲んでこられるのでございます。初《はじ》めの頃《ころ》はよそでお酒を飲んでも夜分《やぶん》は帰られましたが、近頃《ちかごろ》はよそでお酒をお飲みになった日はお帰りになりません。そして酒を飲むとその場《ば》で眠《ねむ》くなって寝《ね》てしまうのだと被仰《おっしゃ》るのです。先生《せんせい》、

手腕家　手腕のある人。やり手
洋行　欧米に渡航したり留学したりすること

良人《おっと》を酒嫌《さけぎら》いにする方法《ほうほう》はございませんでしょうか？」

「聖典《せいてん》を読んで、生命《せいめい》の実相《じっそう》がさとれたら、自然《しぜん》に酒というような麻酔剤《ますいざい》に頼《たよ》らなくなる」と谷口先生《たにぐちせんせい》は被仰《おっしゃ》った。

「『生命《せいめい》の實相《じっそう》』をお読みなさいと勧《すす》めましたら、読みもしないで、そんな本に書いてあることは皆《みん》な知っとると被仰《おっしゃ》るのでございます。私《わたくし》の工夫《くふう》で良人《おっと》を酒嫌《さけぎら》いにする方法を教《おし》えて下《くだ》さいませ。」

「あなたは良人《おっと》と仲《なか》が悪いのではありませんか。」

「いいえ、仲《なか》は好《よ》いのでございます。」

「酒などという物質的麻酔剤《ぶっしつてきますいざい》に良人《おっと》が頼《たよ》られるのは、心に必《かなら》ず抑《おさ》えている不《ふ》快《かい》があるからです。抑えている不快がなくならぬ限《かぎ》りは酒は廃《や》むものではないのです。同じ酒が廃《や》まらぬものなら、宅《たく》でお酒を飲ませてあげなさい。」

「うちの酒は美味《うま》くない、お前《まえ》の料理《りょうり》は味《あじ》がないと申《もう》します。」

「それでは宅《たく》で御主人《ごしゅじん》の気に入《い》るような料理屋《りょうりや》の料理をとって来て御馳走《ごちそう》し

てあげなさい。」

奥様《おくさま》は涙《なみだ》ぐんで「そんなことをしたら家《うち》の経済《けいざい》が保《も》てないのでございます。主人《しゅじん》が使うものですから、私《わたくし》が何《なん》とかして貯蓄《ちょちく》しておかなければ家《うち》の行末《ゆくすえ》がどうなるか判《わか》らないのでございます。」

「もうそれだけ聞けばわかりました」と谷口先生《たにぐちせんせい》は被仰《おっしゃ》った。「それでは御《ご》主人《しゅじん》が晩《おそ》く帰って来たり泊《とま》って来たりするのは当《あた》り前《まえ》です。」

奥様は涙いっぱい湛《たた》えた眼《め》で、恨《うら》むかのように谷口先生を見詰《みつ》めたのだった。

谷口先生は被仰《おっしゃ》った。「御主人がお帰りになった時《とき》、あなたの家《いえ》の空気《くうき》は良人《おっと》を逐《お》い出《だ》すような嶮《けわ》しい空気ではございませんか。」

「そんなことは決《けっ》してございません。子供《こども》がいまして、お父《とう》さんが帰った、帰ったといって喜《よろこ》ぶのでございますもの。それにたまに帰ったのに御飯《ごはん》を食べると直《す》ぐ碁《ご》を打ちに行《ゆ》くといって出ると午前《ごぜん》二時頃《じごろ》までも帰らないのです。子供《こども》がお父《とう》さん、たまに帰ったんですから、うちにおって下《くだ》さいと申《もう》すのですが、諾《き》かないで碁《ご》を打ちに往《い》ってしまうのです。」

「あなたはそんな時良人《ときおっと》を憎《にく》いとお思いになるでしょう。」

「もうこの頃《ごろ》では、顔《かお》を見るだけでも胸糞《むなくそ》が悪いような気がします」と奥様《おくさま》の頬《ほほ》には抑《おさ》え切《き》れず涙《なみだ》が流れるのであった。

「そうでしょう。表面《ひょうめん》では仲《なか》がよい、父の帰るのを歓待《かんたい》するような御様子《ごようす》を見せていらっしゃるけれども、心の中《なか》では良人《おっと》の顔を見ると胸糞《むなくそ》が悪いのでしょう。やっぱりあなたの家《いえ》の中《なか》には良人《おっと》を逐出《おいだ》すような嶮《けわ》しい空気《くうき》が漂《ただよ》うているのです。」

「前《まえ》にはお互《たがい》に愛し合っていましたのです。それがいつの間《ま》にかこんなになってしまいましたのです」と奥様はしみじみいうのであった。

「そうでしょう。我執《がしゅう》の愛というものは結局《けっきょく》は恨《うら》み合《あ》い憎《にく》み合《あ》うようになるのです。本当《ほんとう》の愛というものは我執《がしゅう》を捨《す》てた愛でなければなりません。あ

我執　自分の考えや判断にとらわれて離れられないこと

なたが本当《ほんとう》に良人《おっと》をお愛しになるのだったら、良人《おっと》を自分《じぶん》の尺度《しゃくど》で縛《しば》る心を捨《す》てねばなりません。良人《おっと》を良人《おっと》の自由に行《ゆ》かしめるのです。酒を飲みたがったら酒を飲ませておあげになるのです。酒が人間《にんげん》を害《がい》するというのはウソの考えです。『酒が悪い』と良人《おっと》と争《あらそ》う心が、より多く良人《おっと》を害しあなたを害しているのです。お子さんが、お父《とう》さん碁《ご》を打ちに行《ゆ》きなさるなと縋《すが》る心にも、良人《おっと》をとがめるあなたの心が映《うつ》っています。今日《きょう》から、我執《がしゅう》というものをスッカリ捨てて、何《なん》でもかでも良人委《おっとまか》せという気におなんなさいませ。」

「そんなことをしたら、家《いえ》がこの後《のち》どうなるか判《わか》りません」と奥様《おくさま》はいうのだった。

「良人《おっと》に委《まか》せておいたら家《いえ》がどうなるか判《わか》らぬというあなたの考えがいけないのです。良人《おっと》に対《たい》して『お前《まえ》の遣《や》り方《かた》は私よりも駄目《だめ》ですよ、駄目《だめ》ですよ』と始終《しじゅう》考えている時《とき》は良人《おっと》は妻《つま》から精神的圧迫《せいしんてきあっぱく》を受けてその家《いえ》に居辛《いづら》くなるのは当《あた》り前《まえ》です。帰って来ても糞面白《くそおもしろ》くないからすぐ外へ出てしまうのです。ムシャクシャするから酒でも飲んで胡魔化《ごまか》さなければならなくなるのです。」

「良人《おっと》がそんなでございますから、妻《つま》が節約《せつやく》しておかなければならないと思って、日用品《にちようひん》を節約して貯金《ちょきん》していますと、『お前《まえ》が貯金しているから大丈《だいじょう》夫《ぶ》だ』といって、バサバサお金《かね》を使ってしまうのでございます。」

「そうでしょう。そのはずです」と谷口先生《たにぐちせんせい》は被仰《おっしゃ》った。「そういう貯金の仕方《しかた》は、『お前は私よりも経済《けいざい》が下手《へた》だぞ。私が管財人《かんざいにん》になってあげますよ』と毎日《まいにち》毎日侮辱《ぶじょく》しているのと同じですよ。男子《だんし》としてそういう妻の侮辱に耐《た》えられると思いますか。そんな妻の側《そば》にいて良人《おっと》が幸福《こうふく》を感《かん》じられると思いますか。家《うち》にいても面白《おもしろ》くないから外へ出て酒を飲むのは当《あた》り前《まえ》ですよ。」

「それでは私《わたくし》はどうしたら好《よ》いのでございましょうか。」

管財人　財産を管理する人

「私のいう通《とお》り何《なん》でもなさいますか。」

「二人《ふたり》の子供《こども》を伴《つ》れて自決《じけつ》しようと決心《けっしん》した私《わたくし》でございます。何《なん》なりと先《せん》生《せい》の被仰《おっしゃ》る通りに致《いた》します」とその奥様《おくさま》は答えた。

その時《とき》、谷口先生《たにぐちせんせい》は被仰《おっしゃ》った。「今日《きょう》から、良人《おっと》を神様《かみさま》だと思いなさい。あなたの良人《おっと》は世《よ》の中《なか》で一等偉《いっとうえら》い神様であって、何《なに》を委《まか》せておいても間違《まちがい》なく家《いえ》をやって往《い》って下《くだ》さると信じなさい。あなたの我《が》で、これは善《ぜん》だとか悪《あく》だとか批判《ひはん》してはなりません。良人《おっと》のすることは皆《みん》な善《よ》いと信じなさい。酒をお飲みになるなら『それはよいことだ、もっと飲ませてあげましょう』と、こちらから用意《ようい》するようになさいませ。碁《ご》をお打ちになれば『サア往《い》っていらっしゃい』と下駄《げた》を揃《そろ》える程《ほど》になさいませ。内証《ないしょう》の貯金《ちょきん》も皆《みん》な良人《おっと》に出してしまいなさい。そして『良人《おっと》は必《かなら》ず家《うち》を良《よ》いようにして下さる』と信じなさい。これが良人《おっと》の実相《じっそう》を観《み》るというものです。そうしたらしばらくのうちにあなたの家庭《かてい》は救《すく》われます。」

それから半月程経《はんつきほどた》った時《とき》、多勢《おおぜい》の修行者《しゅぎょうしゃ》の後《うしろ》から谷口先生《たにぐちせんせい》にお礼《れい》をいう婦人《ふじん》があった。「先生《せんせい》、あれきり私《わたくし》の不眠症《ふみんしょう》は治《なお》りました。有難《ありがと》うございます。」

谷口先生は毎日会《まいにちあ》う人《ひと》が多いので「だれが神経衰弱《しんけいすいじゃく》だったのか」とフト思った位《くらい》であった。

婦人はそのまま言葉を続けた。「やはり私《わたくし》の心が悪いのでございました。先生にこの前《まえ》お教《おし》え頂《いただ》いた晩《ばん》は良人《おっと》はやはり外《そと》で泊《とま》ってまいりました。これは私《わたくし》が変《かわ》っていることを良人《おっと》は知らなかったからでしょう。翌夜《よくや》からは早く帰るようになりました。あれ以来一晩《いらいひとばん》も外泊《がいはく》したことはございません。隠《かく》していた貯金《ちょきん》の通帳《つうちょう》も出しまして『私《わたくし》はこれだけ今《いま》まで貯金致《いた》しておりましたがこれで何《なん》なりとあなたの入用《にゅうよう》のものをお買い下《くだ》さい。私《わたくし》が今《いま》迄《まで》隠しだてをしておりまして悪うございました』と詫《あやま》りました。そうしたら良人《おっと》は『貯金は好《よ》いことだからそのまま続けたらよかろう』と申《もう》してくれました。外でも酒をあまり飲まなくなり、『お前《まえ》がどうして急《きゅう》にこんなに変《かわ》ったのだろう』といって私《わたくし》の手製《てせい》の料理《りょうり》を喜《よろこ》んで食べてくれるようになりました。『お父《とう》さんは常《つね》には忙《いそが》しいのですから、タマにお帰りになった時《とき》には気晴《きばら》しに碁《ご》を打ちにでも往《い》っていらっしゃい』こう申《もう》しまして御食事《おしょくじ》後下駄《げた》など揃《そろ》えたり致《いた》しても今日《きょう》は家《いえ》におろうなどといって滅多《めった》に出掛《でか》けなくなり、たまに出掛けることがあっても、早く帰って下《くだ》さるようになりました。悪い良人《おっと》は本来無《ほんらいな》いので、悪く現《あらわ》れるのは、こちらの心の影《かげ》だとよくよく判《わか》らして頂《いただ》きました。もう今《いま》では私《わたくし》の家庭《かてい》はスッカリ光明化《こうみょうか》されてしまいました。有難《ありがと》うございました」とその婦人《ふじん》は重《かさ》ねて礼《れい》をいった。

「あの一人《ひとり》の婦人が救《すく》われ、あの一《ひと》つの家庭が救われただけでも、本部《ほんぶ》を東《とう》京《きょう》へ移転《いてん》して来た甲斐《かい》はあった、見真道場《けんしんどうじょう》の出来《でき》る出来ぬは問題《もんだい》でない」と谷口先生《たにぐちせんせい》は被仰《おっしゃ》った。

見真道場の出来る出来ぬ　著者の東京移転直後には真理の研鑽の場として著者の自宅や誌友の自宅が使用された。その翌年に山脇高等女学校の旧校舎を光明思想普及会が譲り受けて更にそこが生長の家本部と定められた

青年《せいねん》の放蕩《ほうとう》止《や》む

『生命《せいめい》の實相《じっそう》』を読んで外出《がいしゅつ》すると、神から遣《つか》わされたであろう蜜蜂《みつばち》に螫《さ》されて、痼疾《こしつ》のリューマチの治《なお》ったという材木信治氏《さいきしんじし》が或《あ》る日《ひ》生長《せいちょう》の家本《いえほん》部《ぶ》に訪《おとず》れて面白《おもしろ》い話をした。

その話というのはこうである。神戸《こうべ》の灘《なだ》に知人《ちじん》があってその知人に息子《むすこ》がある。その息子が女遊《おんなあそ》びをしてそれが中々《なかなか》止《や》まないのである。その息子の女遊びを止《や》めさせてやりたいと思って材木《さいき》さんは聖典《せいてん》『生命《せいめい》の實相《じっそう》』をその息子に読むように一冊進呈《さつしんてい》された。そして神想観《しんそうかん》の実修時間《じっしゅうじかん》に時々《ときどき》、その息子の生命《せいめい》の実相《じっそう》なる仏性《ぶっしょう》があらわれて今後《こんご》そういう悪い遊びをしないようにと祈《いの》られた。

その息子は『生命《せいめい》の實相《じっそう》』を貰《もら》ってからも、旧《ふる》い習慣《しゅうかん》の女遊びを思出《おもいだ》し

頭注版㉞四三頁

放蕩 思うままに遊びふるまうこと。特に酒や女におぼれること

痼疾 長引いてなかなか治らない病気。持病

リューマチ 骨・関節・筋肉が硬直し、腫れ・疼痛・熱などを発する病気。リウマチ

材木信治氏 『生命の實相』にもたびたび登場する熱心な信徒。蜜蜂に螫された逸話は本全集第二十八巻「宗教問答篇」上巻第二章参照

仏性 内在する仏としての本性

ては、それに心を惹《ひ》かれていた。或《あ》る夜《よ》、その息子《むすこ》は思い切って福原遊廓《ふくはらゆうかく》へ行《ゆ》くつもりで電車《でんしゃ》に乗った。その電車は材木《さいき》さんの宅附近《たくふきん》の有馬道《ありまみち》の停留《ていりゅう》場《じょう》を通過《つうか》する。ちょうどそれは材木《さいき》さんが神想観《しんそうかん》を実修《じっしゅう》している午後《ごご》九時《じ》頃《ごろ》であった。青年《せいねん》はその停留場の近くまで来ると急《きゅう》に烈《はげ》しい頭痛《ずつう》を感《かん》じた。遊廓《ゆうかく》まで押《お》して往《い》っても苦しいばかりで到底《とうてい》楽しめないような気がした。それで彼《かれ》は電車を乗換《のりか》えて家《うち》まで引返《ひきかえ》した。

それから後《のち》、青年はまた一度《ど》福原遊廓へ出かけようと思って電車に乗った。そして電車が例《れい》の有馬道《ありまみち》の停留場まで来ると、急に頭《あたま》がクラクラ痛《いた》み出《だ》して、どうしても遊びに行《ゆ》くことが出来《でき》なくなった。それ切りこの青年は女遊びをしなくなった。

「こうして私《わたくし》はこの青年を救《すく》いました。何《なに》しろ真理《しんり》の聖典《せいてん》『生命《せいめい》の實相《じっそう》』を有《も》たせておいてそれをアンテナとし、そのアンテナに対《むか》って光明思念《こうみょうしねん》を放送《ほうそう》するもんですから、必《かなら》ずやその光明思念が実現《じつげん》せずにはいないのです」

福原遊廓　神戸市兵庫区の湊川公園の東側の地域にある遊廓。平清盛が遷都した地。明治以降は花街として栄えた

と、材木《さいき》さんは哄然《こうぜん》と笑いながらいった。

百事如意《ひゃくじにょい》の一例《れい》

材木《さいき》さんの神秘《しんぴ》な実話《じつわ》がいろいろと伝わった。すると材木《さいき》さんの知人《ちじん》にYさんという人《ひと》があってその人の長男《ちょうなん》が苦心惨憺《くしんさんたん》の末《すえ》一種特殊《しゅとくしゅ》の冷蔵庫《れいぞうこ》を発《はっ》明《めい》したが、今迄《いままで》あらゆる経済上《けいざいじょう》の犠牲《ぎせい》を払《はら》ってここまでその発明を完成《かんせい》したのであるから、もしこの冷蔵庫が世《よ》に出ないというようなことであったら、経済上行詰《ゆきづま》って自殺《じさつ》でもしなければならないというほどの、成敗《せいはい》の境目《さかいめ》になっていた。その冷蔵庫の特徴《とくちょう》というのは、一個一個《こ》の冷蔵庫に五リットル位《くらい》の簡単《かんたん》な製氷機械《せいひょうきかい》がついていて、その製氷機《せいひょうき》から自動的《じどうてき》に氷《こおり》を提供《ていきょう》してくれるので、毎日《まいにち》氷を買いに行《ゆ》くべき世話《せわ》の要《い》らないことであった。その冷蔵庫の価値《かち》は流石《さすが》に認《みと》められた。数人《すうにん》の人達《ひとたち》が発起人《ほっきにん》となって資本金《しほんきん》十万《まん》

哄然　大声をあげて笑うさま

頭注版㉞四五頁

百事如意　すべての物事が意の如くうまく運ぶこと

苦心惨憺　非常に苦心していろいろやってみること

成敗　成功と失敗

発起人　株式会社の設立を企画して定款に署名した者

十万円　現在の約二億〜三億円に相当する

円位《えんくらい》の冷蔵庫《れいぞうこ》会社《がいしゃ》を建設《けんせつ》しようということになり、有力《ゆうりょく》な大資本主《だいしほんぬし》として斯道《しどう》の先輩《せんぱい》であるところの大日本製氷会社《だいにっぽんせいひょうがいしゃ》の前社長《ぜんしゃちょう》たるＭＨ氏に後援《こうえん》してもらうべくその方面《ほうめん》に談《はなし》が進んで往《い》った。

或《あ》る日《ひ》、Ｙさんが材木《さいき》さんに「明日《あす》はＭＨ氏に会《あ》う日であるから、君《きみ》に一《いっ》緒《しょ》に往《い》ってもらったらこの事件《じけん》は成就《じょうじゅ》するに違《ちが》いないから、一《ひと》つ枉《ま》げて一緒に往《い》ってもらいたい」と請《こ》うた。

「製氷機《せいひょうき》や冷蔵庫《れいぞうこ》のことは私は素人《しろうと》ですから」と材木《さいき》さんは断《ことわ》った。

「いや、素人《しろうと》でも何《なん》でも好《よ》い。君にさえ往《い》ってもらえばきっとこの事《こと》は成《じょう》就《じゅ》するのだから。君は不思議《ふしぎ》に縁起《えんぎ》の好《よ》い人《ひと》だから」とＹ氏《し》はいった。

翌日《よくじつ》、材木《さいき》さんがＹ氏と共《とも》に指定《してい》された場所《ばしょ》へ行《ゆ》くとＹ氏の長男《ちょうなん》は発明《はつめい》家《か》として、その後援者《こうえんしゃ》たろうとする大日本製氷《だいにっぽんせいひょう》の前社長《ぜんしゃちょう》ＭＨ氏に、その発《はっ》明《めい》にかかる製氷機《せいひょうき》附冷蔵庫《つきれいぞうこ》を示して色々《いろいろ》と説明《せつめい》していた。

ＭＨ氏はなかなか犀利《さいり》な批評眼《ひひょうがん》をもった人で、なかなか理論家《りろんか》で一理論《ひとりろん》

斯道　この道。この方面や分野

大日本製氷会社　昭和三年に東西の有力な製氷会社が合併して成立した国内最大の製氷会社。現在のニチレイの前身

枉げて　是非とも。無理にでも

犀利　堅く鋭いこと

闘《たたか》わしてみなければ何《なん》でも承認《しょうにん》するような人《ひと》でなかった。どんな批評《ひひょう》が出るかと一行《いっこう》の人々《ひとびと》は片唾《かたず》を呑《の》んでいた。すると、「これはなかなか好《よ》い考案《こうあん》だ」とＭＨ氏の唇《くちびる》からは讃歎《さんたん》の辞《じ》が漏《も》れた。「これは、ズッと普及《ふきゅう》すべき性質《せいしつ》のものであるから十万円位《まんえんくらい》の小会社《しょうかいしゃ》では物足《ものた》りない。一《ひと》つ百万円の資《し》本《ほん》にしようじゃないか。それについては自分《じぶん》の邸宅《ていたく》をその研究室《けんきゅうしつ》や実験室《じっけんしつ》に提供《ていきょう》してもよいから、どうか遠慮《えんりょ》なく無償《むしょう》で使ってくれ給《たま》え」とＭＨ氏は続いていった。十万円の会社《かいしゃ》をつくるつもりが、不思議《ふしぎ》に百万円の会社になろうとするのであった。

　ＭＨ氏が帰り去った後《あと》で、Ｙ氏は材木《さいき》さんに「本当《ほんとう》にあなたのお蔭《かげ》です」といって掌《て》を合わせてみせた。

「まア、よござんしたね。わたしのお蔭《かげ》ではない、生長《せいちょう》の家《いえ》の神様《かみさま》のお蔭《かげ》ですよ」と材木《さいき》さんは答えた。

「まったくこの本のお蔭《かげ》です」とＹ氏は懐《ふところ》から聖典《せいてん》『生命《せいめい》の實相《じっそう》』を出し

片唾を呑む　事の成り行きを案じて息を凝らして見守るさま

百万円　現在の約二十億～三十億円に相当する

てみせて、「私《わたくし》はこの本を通《つう》じて生長《せいちょう》の家《いえ》の神様《かみさま》に祈《いの》っておりました」といった。

神授《しんじゅ》の手袋《てぶくろ》

この材木《さいき》さんが、或《あ》る日《ひ》このY氏《し》をその宿泊所《しゅくはくしょ》たる東京本郷区大学前《とうきょうほんごうくだいがくまえ》の二葉旅館《ふたばりょかん》へ訪問《ほうもん》しようと思って円《えん》タクに乗って出掛《でか》けた。大学前で材木《さいき》さんは円タクから降《お》りると、そこへ別《べつ》の自動車《じどうしゃ》が来て材木《さいき》さんの腰部《ようぶ》へ後方《こうほう》から激突《げきとつ》した。材木《さいき》さんはその瞬間《しゅんかん》、一間半《けんはん》ばかり跳《は》ね飛《と》ばされて市電《しでん》の石畳《いしだたみ》の上《うえ》へ俯向《うつむ》けに激《はげ》しく叩《たた》きつけられた。材木《さいき》さんは本能的《ほんのうてき》に両掌《りょうて》を石畳の上《うえ》に突《つ》いた。材木《さいき》さんは寒中《かんちゅう》でも毎年《まいねん》手袋を穿《は》いたことのない人《ひと》であったが、その時《とき》には不思議《ふしぎ》に革手袋《かわてぶくろ》を嵌《は》めていた。人から貰《もら》った手袋を円《えん》タクの中《なか》で試《こころ》みているうちに円タクが目的地《もくてきち》へ着《つ》いたので手袋を脱《ぬ》ぐ暇《ひま》もなしに後《こう》

頭注版㉞四七頁

神授　神から授かること

円タク　一円タクシーの略。大正十三年に大阪で始まり各地に広まった。料金は当時の一円均一であった。料金メーターが採用された後にもタクシーの通称として円タクの呼び名が残った

一間半　約二七〇センチメートル。一間は約一八〇センチメートル

市電　市街を走る路面電車

寒中　冬至から十五日目の寒の入りから立春までの約三十日間。また冬の寒さの厳しい期間

方《ほう》から自動車《じどうしゃ》で激突《げきとつ》されたのであった。手袋《てぶくろ》は非常《ひじょう》に部厚《ぶあつ》い革製《かわせい》で柔《やわら》かいクッションのように緩衝《かんしょう》の役目《やくめ》を果《はた》してくれた。材木《さいき》さんは下腹《したはら》の出ている人《ひと》であったが、どういうものか、その出ている下腹《したはら》が座布団《ざぶとん》のようにフゥワリと全身《ぜんしん》に緩衝作用《かんしょうさよう》を与えて身体《からだ》はどこも傷《いた》まなかった。

「生長《せいちょう》の家《いえ》の神様《かみさま》は自動車で、今日《きょう》ここで激突されるということを知《し》り給《たま》うて、あらかじめ私《わたくし》に手袋を与《あた》え給《たま》うたのです」と材木《さいき》さんはこの事件《じけん》を註釈《ちゅうしゃく》した。

神想観《しんそうかん》で扉開《とびらひら》く

材木《さいき》さんが小川旅館《おがわりょかん》に宿泊《しゅくはく》していた或《あ》る日《ひ》、離《はな》れの便所《べんじょ》で用《よう》を達《た》していた。便所の扉には内側《うちがわ》のツマミがとれていて内側からは開閉出来《かいへいでき》ないようになっていた。材木《さいき》さんが用を達《た》している間《ま》に、外側《そとがわ》に誰《たれ》か来て便所の扉の締《しま》

緩衝　衝撃や不和などをやわらげること。また、そのもの

頭注版㉞四八頁

離れ　母屋から離れて建っている家

っていないことを見て、外から便所《べんじょ》の扉《とびら》を締《し》めて往《い》った。材木《さいき》さんは便所から出ようとすると、扉が外から締《しま》っていて出ることが出来《でき》なかった。便所は母屋《おもや》からかなり距離《きょり》が隔《へだ》たっていて呼《よ》んでも聞《きこ》えそうになかった。また呼んで聞《きこ》えるにしても、一人前《いちにんまえ》の男が便所の中《なか》へ閉《と》じ込《こ》められて呼《よ》び声《ごえ》を上げるなんてあまり見っとも好《よ》い話ではなかった。材木《さいき》さんはこういう時《とき》には神想《しんそう》観《かん》をするのが最《もっと》も好《よ》いと思って、便所の中《なか》で神想観《しんそうかん》をして、この扉が自然《しぜん》に開《ひら》きますようにと念《ねん》じた。

五分間《ふんかん》ばかり神想観《しんそうかん》をした頃《ころ》、便所の外《そと》に誰《たれ》かが来たような気勢《けはい》がした。材木《さいき》さんは神想観《しんそうかん》をやめて便所の扉を内側《うちがわ》からノックした。扉は自然に開かれた。扉の外には材木《さいき》さんの係《かかり》ではない女中《じょちゅう》さんが立っていた。

「どうして君《きみ》はここへ来る気になったかね」と材木《さいき》さんは尋《たず》ねた。

「実《じつ》は、この辺《へん》で誰《たれ》かが呼《よ》んでおられるような気がしまして、どうしても気になって仕方《しかた》がないのでやって来ましたが、誰《たれ》もいないので引返《ひきかえ》そうかと思

母屋　世帯主の住む主要な家屋

気勢　何となく感じられる様子。気配

女中　旅館などで下働きをする女性。仲居

っていましたら、あなたが中《なか》からノックなさいました。」

「私は声《こえ》をあげて呼《よ》びはしなかったよ。だけど神想観《しんそうかん》でこの扉《とびら》の開《ひら》くように念《ねん》じたのだ。その思念《しねん》が君《きみ》に感《かん》じたのだねえ」と材木《さいき》さんは笑いながらいった。しかし神想観《しんそうかん》の威力《いりょく》はこのような時《とき》にも発揮《はっき》されるものだということがこれで実証《じっしょう》されて、材木《さいき》さんは益々《ますます》自信《じしん》が強くなった。

神想観《しんそうかん》で板状《はんじょう》黒糖《こくとう》の発明《はつめい》

材木《さいき》さんは砂糖《さとう》の専門家《せんもんか》である。近来《きんらい》、文化《ぶんか》の進歩《しんぽ》と共《とも》に人類《じんるい》は眼《め》に純《じゅん》白《ぱく》の白さをのみ好《この》んで白砂糖《しろざとう》のみを需要《じゅよう》し、黒砂糖《くろざとう》はほとんど用《もち》いなくなったので、鹿児島県下《かごしまけんか》の農家《のうか》の副業《ふくぎょう》として生産《せいさん》されている黒砂糖の捌《さば》け口《ぐち》がなく殊《こと》に農産物価格《のうさんぶつかかく》の下落《げらく》と共に農家の疲弊《ひへい》は益々激《ますますはげ》しくなってしまった。材木《さいき》さんは一《ひと》つにはこの鹿児島県下《かごしまけんか》の農民《のうみん》を救《すく》いたいと思った。二《ふた》つにはあ

頭注版㉞四九頁

黒砂糖　サトウキビの搾り汁をそのまま煮つめて精製せずに固形化した含蜜糖の一つ。鹿児島県や沖縄県の諸島で生産される

捌け口　商品の売り先。販路

疲弊　経済力などが弱まって困窮すること

まり人間知《にんげんち》を加え、人工《じんこう》を加えた白砂糖《しろざとう》には天授《てんじゅ》の栄養成分《えいようせいぶん》がなくなっていて、白砂糖《しろざとう》のみ常用《じょうよう》する国民《こくみん》の体力《たいりょく》の低下《ていか》は見逃《みのが》すことの出来《でき》ない国家的《こっかてき》重大事《じゅうだいじ》であるから、天然成分全部《てんねんせいぶんぜんぶ》を含有《がんゆう》する黒砂糖《くろざとう》を国民に用《もち》いしめたいとの念願《ねんがん》があった。

黒砂糖にはビタミン・銅《どう》・鉄《てつ》・カルシウム等《とう》の重要成分《じゅうようせいぶん》を含《ふく》んでいるのに、それが一般《いっぱん》に需要《じゅよう》されない原因《げんいん》は、それが一見安物《いっけんやすもの》のようで美しさがないことである。第《だい》二にバラバラになっていて携帯《けいたい》に不便《ふべん》であり、吸湿性《きゅうしつせい》が強くて長期《ちょうき》の保存《ほぞん》に苦しむということである。色《いろ》の黒いのは問題《もんだい》ではなかった。チョコレートでも珈琲《コーヒー》でも黒褐色《こっかっしょく》であるけれども、人類《じんるい》はこれを喜《よろこ》んで使っている。それに黒砂糖の味わいはチョコレートに似《に》た一種高尚《いっしゅこうしょう》な風《ふう》味《み》があり、白砂糖に飽足《あきた》らない茶人《さじん》の好《この》む黒羊羹《くろようかん》には黒砂糖が用《もち》いてある。だから黒いままでも形態《けいたい》を美しく変化《へんか》すれば、人々《ひとびと》はこれを喜んで食用《しょくよう》にするのである。そこで国民保健《こくみんほけん》の目的《もくてき》が達《たっ》せられる。

天授　天から授かったもの

用いしめたい　使わせたい

高尚　けだかくて立派なさま。上品

茶人　茶道に通じた人。茶の湯を好む人

材木《さいき》さんはこの黒砂糖《くろざとう》をチョコレートのように板状《はんじょう》に固《かた》めることに思《おも》い及《およ》んだ。そしてチョコレートのように銀紙《ぎんがみ》にくるんで販売《はんばい》すれば小児《しょうに》は喜《よろこ》んでチョコレートの代《かわ》りにこれを食用《しょくよう》するであろうし、この方《ほう》が小児《しょうに》にとって興奮性《こうふんせい》のあるチョコレートを常用《じょうよう》するよりも、発育期《はついくき》にある児童《じどう》の保健《ほけん》上《じょう》にも大変《たいへん》好《よ》いと考えられた。当時《とうじ》の軍隊《ぐんたい》では、派遣地《はけんち》の食糧品《しょくりょうひん》として白《はく》糖《とう》を使っていた。これを黒糖《こくとう》に変《へん》ずれば、戦地《せんち》に於《お》ける救急食糧品《きゅうきゅうしょくりょうひん》の適《てき》当《とう》なものとなる。材木《さいき》さんが思うに、黒砂糖を固《かた》める方法《ほうほう》は昔《むかし》から加熱《かねつ》して溶解《ようかい》してからそれを一定《いってい》の生薑板《しょうがいた》の形《かたち》に流し込む方法があるけれども、加熱したならビタミンは破壊《はかい》する。加熱しないで板状《はんじょう》に固める方法は圧搾《あっさく》するしか仕方《しかた》がないが、圧搾すれば水分《すいぶん》が滲《にじ》み出《だ》してジメジメとなり、保存《ほぞん》にも携帯《けいたい》にも適《てき》しない。では乾燥《かんそう》して圧搾すれば良《よ》いわけであるけれども、いくら乾燥しても黒砂糖は吸湿性《きゅうしつせい》が多いためにすぐ元《もと》の通《とお》りの水分含有量《すいぶんがんゆうりょう》に戻《もど》ってしまう。圧搾凝固《あっさくぎょうこ》せしめても水分が滲《にじ》み出《だ》さない為《ため》には、含有水分《がんゆうすいぶん》を

生薑板　生姜を砂糖で煮詰めた生姜糖を板状にしたものを指すと思われる
圧搾　強く押しつけてしぼること

百分《ぶん》の三まで低下《ていか》せしめなければならないのである。材木《さいき》さんは黒砂糖《くろざとう》を攪《こう》拌《はん》しつつ乾燥熱空気《かんそうねつくうき》を送ってみたり色々《いろいろ》と工夫《くふう》してみられたけれども、一時《いちじ》は含有水分《がんゆうすいぶん》が低下しても、また空中《くうちゅう》の水分《すいぶん》を吸収《きゅうしゅう》して水分が逆戻《ぎゃくもど》りして何《なん》にもならないのであった。そして黒砂糖を加熱《かねつ》しないで板状《はんじょう》に固《かた》める方法《ほうほう》はついに絶望状態《ぜつぼうじょうたい》に陥《おちい》ろうとしつつあった。

材木《さいき》さんはこの時《とき》こそ神想観《しんそうかん》をすべきであると思って熱心《ねっしん》に神想観《しんそうかん》をつづけた。と、材木《さいき》さんの心のうちに神の導《みちび》きが感《かん》じられた。それは真空《しんくう》ポンプによって乾燥器中《かんそうきちゅう》の空気《くうき》を抜《ぬ》くことであった。そして真空の中《なか》で湿気《しっき》を抜くことにしたら如何《いか》に吸湿性《きゅうしつせい》のものでも含有水分百分の三まで低下し得《う》るのは易々《いい》だということであった。材木《さいき》さんはこの神の導きのままに実験《じっけん》してみた。それは百パーセント効果的《こうかてき》であった。黒砂糖を圧搾《あっさく》して生薑板《しょうがいた》のように、チョコレート板《いた》のように固結《こけつ》しても何等水分《なんらすいぶん》は滲出《しんしゅつ》して来なかった。

在来当時《ざいらいとうじ》の糧秣廠《りょうまつしょう》などで用《もち》いられていた砂糖《さとう》は白砂糖《しろざとう》であったが、黒砂

攪拌　かきまぜること。「かくはん」は慣用読み

易々　きわめて容易なさま。たやすい

在来　これまであった。従来

糧秣廠　陸軍糧秣廠の略。陸軍の軍人の食糧や馬の飼料である秣（まぐさ）の調達、製造、貯蔵および補給などを受け持った機関

糖がビタミンその他《た》の有効成分《ゆうこうせいぶん》をそのまま含有《がんゆう》したまま携帯用貯蔵用板状《けいたいようちょぞうようはんじょう》にし得《う》るならば、これに越《こ》したことはないというので材木《さいき》さんの発明《はつめい》せる板《はん》状《じょう》黒砂糖《くろざとう》は当時《とうじ》の糧秣廠《りょうまつしょう》で採用《さいよう》されたそうである。

材木《さいき》さんは笑いながらこの経過《けいか》を生長《せいちょう》の家本部《いえほんぶ》で修行者達《しゅぎょうしゃたち》に説明《せつめい》しながら「この黒砂糖の製造法《せいぞうほう》は、あとで考えてみますと全《まった》く神想観《しんそうかん》と同一《どういつ》の方法《ほうほう》で行《おこな》われたのである事《こと》が判《わか》りました。神想観《しんそうかん》は心の真空《しんくう》ポンプです。呼吸法《こきゅうほう》で空気《くうき》を入れたり出したりしていると、自分《じぶん》の心が真空になる。それと同じく真空ポンプで乾燥器《かんそうき》に空気を出したり入れたりしていると真空になる。その真空の中《なか》で出来上《できあが》ったのが、この板状黒糖《はんじょうこくとう》です。」

材木《さいき》さんが見本《みほん》に谷口先生《たにぐちせんせい》にお見せした板状黒糖《はんじょうこくとう》を、谷口先生が皆《みな》の修行者《しゅぎょうしゃ》にお廻《まわ》しになると、修行者の一人一人《ひとりひとり》が材木《さいき》さんの霊験《れいけん》にあやかろうとするかのように、少しずつ挘《むし》りとって嘗《な》めてみた。そして「これは美味《おい》しい」といって囁《ささや》き合《あ》った。

霊験　神仏が示す不思議な効験。御利益

材木《さいき》さんは続けていった。「この黒砂糖《くろざとう》も長期間《ちょうきかん》外気《がいき》に露出《ろしゅつ》しておいたらまた湿気《しっき》を招《よ》びます。だから湿気《しっき》を招《よ》ばないように罐入《かんいり》にするか、銀紙《ぎんがみ》でチョコレートのように一《ひと》つ一つ巻《ま》いておいてその上《うえ》に『智慧《ちえ》の言葉《ことば》』でも印刷《いんさつ》したパラフィン紙《し》で、くるんでおくといつまでも湿《しめ》りません。吾々《われわれ》も、神想《しんそう》観《かん》によって心が真空《しんくう》になったならば、そのあと再《ふたた》び迷《まよい》の湿気《しっき》を吸《す》い込《こ》まないように『智慧《ちえ》の言葉《ことば》』を印刷した紙で包んでおかなければなりません。『智《ち》慧《え》の言葉《ことば》』を印刷した紙というのは聖典《せいてん》『生命《せいめい》の實相《じっそう》』のことです。神想観《しんそうかん》をした後《のち》、常《つね》に聖典を読んでおけば、再び迷《まよい》の湿気《しっき》が入《はい》るということはないのです。」

こう材木《さいき》さんがいうと、「本当《ほんとう》にそうだ」と一座《いちざ》は感《かん》に勝《た》えたように笑った。その笑いは、どこまでも朗《ほが》らかな韻《ひびき》を立てた笑いであった。

パラフィン紙　パラフィン蝋をしみこませた耐水性のある紙

感に勝える　「感に堪えない」に同じ。非常に感動してそれを表に出さずにはいられないさま

千切《せんぎ》り大根《だいこん》の発明《はつめい》

材木《さいき》さんの板状《はんじょう》黒糖《こくとう》の発明は、チラと頭《あたま》を掠《かす》めた思《おも》い附《つ》きから出来上《できあ》ったものである。すべての発明はこのチラと頭を掠《かす》めた思い附きに導《みちび》かれて大成《たいせい》するものである。チラと頭を掠《かす》めた思い附きが神に導かれたものなら大成するし、迷《まよい》に導かれたものならば挫折《ざせつ》するのである。岩手県《いわてけん》の生長《せいちょう》の家支部《いえしぶ》をしていた堀合正身氏《ほりあいまさみし》は、北国《ほっこく》の寒冷《かんれい》の気候《きこう》に生活《せいかつ》していながら、「この寒冷な気候が吾々《われわれ》に恵《めぐ》んで下《くだ》さる産業《さんぎょう》をお授《さず》け下《くだ》さい」と神様《かみさま》に祈《いの》っていた。するとちらと頭を掠《かす》めた一《ひと》つの発明があった。それは千切《せんぎ》り大根《だいこん》の冷凍《れいとう》であった。堀合氏《ほりあいし》は一種独得《いっしゅどくとく》の方法《ほうほう》によって千切《せんぎ》り大根《だいこん》の冷凍製品《れいとうせいひん》に成功《せいこう》した。この千切《せんぎ》り大根《だいこん》というのは、ただ沸騰《ふっとう》せる熱湯《ねっとう》を注《そそ》ぐというだけで長時《ちょうじ》間煮《かんしゃ》沸《ふっ》したと同じように柔《やわら》かく煮《に》えた大根《だいこん》が出来《でき》るので、長期《ちょうき》航海中《こうかいちゅう》の植物性《しょくぶつせい》

頭注版㉞五三頁

食料品《しょくりょうひん》として昨年某所《さくねんぼうしょ》に見本《みほん》を提出《ていしゅつ》しておいたが、今回大量《こんかいたいりょう》の註文《ちゅうもん》があり、その註文があまり大量なので一時《いちじ》に需要《じゅよう》に応《おう》じ切《き》れないので、四月《がつ》まで納期《のうき》を延期《えんき》してもらうように懇談《こんだん》に来たのだとは、昭和《しょうわ》十年一月、生長《せいちょう》の家《いえ》本部《ほんぶ》へ立寄《たちよ》っての報告《ほうこく》であった。

神想観《しんそうかん》して火災《かさい》を免《まぬが》る

材木氏《さいきし》の懇親《こんしん》な知人《ちじん》に宮本成治氏《みやもとせいじし》という明治製菓《めいじせいか》の大阪支店長《おおさかしてんちょう》がある。その管轄区域内《かんかつくいきない》で、神戸大丸百貨店前三宮神社《こうべだいまるひゃっかてんまえさんのみやじんじゃ》の筋向《すじむか》いの一区画《くかく》に明治製菓の売店《ばいてん》がある。その売店の珈琲沸《コーヒーわか》し器《き》は材木《さいき》さんの考案《こうあん》になるもので飲む時《とき》にはじめて珈琲《コーヒー》が熱湯《ねっとう》の中《なか》を通過《つうか》して、淹《い》れたての、出流《でなが》れではない、香《こう》気馥郁《きふくいく》たる珈琲《コーヒー》が出るので評判《ひょうばん》がよかった。

その売店では地主《じぬし》と交渉《こうしょう》した上《うえ》で建物《たてもの》の一部《ぶ》を改造《かいぞう》したが、その改造が

納期　税金や商品などを納入する期日

頭注版㉞五四頁

懇親　特に親しくしていること

神戸大丸百貨店　現在の大丸神戸店。大丸百貨店は江戸三大呉服店の一つ「大丸屋」を前身とする百貨店であり現在は株式会社大丸松坂屋百貨店

三宮神社　神戸市中央区にある神社。祭神は湍津姫命（たぎつひめのみこと）。慶応四年に岡山藩の兵がフランス人水兵を負傷させた「神戸事件」の発生地

出流れ　茶などを何度か出したりして薄くなること。出がらし

馥郁　よい香りがいっぱいにただよっているさま

交渉《こうしょう》した以上《いじょう》の模様替《もようがえ》になっているというので、それを理由《りゆう》として地主《じぬし》の方《ほう》から建物《たてもの》の持主《もちぬし》に立退《たちのき》を迫《せま》って来たのである。立退《たちの》かなければ、坪《つぼ》三千円でその地所《じしょ》を買い取れというのである。その場所《ばしょ》の一般的地価評価《いっぱんてきちかひょうか》の上《うえ》からいえば坪《つぼ》七百円位《えんくらい》だと思われるところを、「立退《たちの》くか、それとも坪《つぼ》三千円で買取《かいと》るか」という交渉なのである。ともかくこの問題《もんだい》はこの建物に火災《かさい》を起《おこ》したら借地権《しゃくちけん》も消滅《しょうめつ》してしまって地所《じしょ》の借主《かりぬし》に不利《ふり》になるというので、火災を起《おこ》さないようにと材木《さいき》さんは神想観《しんそうかん》の時《とき》に祈《いの》っていられた。すると昭和《しょうわ》九年《ねん》一月《がつ》とうとう神戸大丸百貨店前《こうべだいまるひゃっかてんまえ》から出火《しゅっか》したのであった。その火事《かじ》は附近《ふきん》の十数軒《すうけん》を焼いたのであったが、明治製菓《めいじせいか》の売店《ばいてん》の西隣《にしどなり》を焼《や》き尽《つく》してピタリとその売店の壁《かべ》のところで消えてしまった。

向《むこ》う側《がわ》の大丸百貨店の六階《かい》から撮影《さつえい》した火事場《かじば》の写真《しゃしん》には、隣家《りんか》の焦《こ》げた屋根《やね》と売店の焦げぬ屋根との境目《さかいめ》がアマリにも人工的《じんこうてき》に一直線《いっちょくせん》になっていて、定規《じょうぎ》を引いたように火が止まっているのだった。これには人々《ひとびと》はここで

坪　土地の面積の単位。一坪は約三・三一平方メートル

地所　敷地や財産としての土地

七百円　現在の約百四十万～二百十万円に相当する

借地権　土地を借りて建物を所有する権利

鎮火《ちんか》したのは決《けっ》して偶然《ぐうぜん》ではないと考えるほかはなかった。

「何《なに》かあの家《うち》は信心《しんじん》している家《うち》に相違《そうい》ない」という噂《うわさ》が附近《ふきん》一円にひろまった。そして界隈《かいわい》の人《ひと》たちが見物《けんぶつ》に来るようになった。

まことに信心していた家《うち》に相違なかった。材木《さいき》さんがその売店《ばいてん》のために祈《いの》っていたし、明治製菓《めいじせいか》の大阪支店長《おおさかしてんちょう》は生長《せいちょう》の家誌友《いえしゆう》になっていたし、売店の主任《しゅにん》たる神崎《かんざき》という人も一週間程前《しゅうかんほどまえ》から誰《たれ》かに勧《すす》められて、聖典《せいてん》『生命《せいめい》の實相《じっそう》』をひそかに熟読《じゅくどく》していたのであった。

某剣士《ぼうけんし》の話

或《あ》る時《とき》、高知《こうち》の剣豪楠目翁《けんごうくすめおう》が左手が不自由《ふじゆう》になっているので、それを治《なお》してもらいたいと思って友人辻村翁《ゆうじんつじむらおう》に伴《ともな》われて生長《せいちょう》の家本部《いえほんぶ》へ訪《おとず》れた。

「随分《ずいぶん》あなたは人《ひと》をいじめて来ましたね」と、いきなり谷口先生《たにぐちせんせい》は被仰《おっしゃ》っ

鎮火　火事が収まること

一円　その付近一帯

界隈　そのあたり一帯。付近

頭注版㉞五五頁

剣豪　剣術の達人

辻村翁　辻村楠造。文久二～昭和二十七年。陸軍主計総監。宗教結社「教化団体生長の家」初代理事長。日露戦争時、遼東守備軍の経理部長として満洲に渡り、満洲経営体制の確立に尽力した。退役後、思想界、宗教界で精力的に活動した

た。

「随分《ずいぶん》いじめました。人間《にんげん》も二十四人《にん》殺しました。日露戦争《にちろせんそう》の時《とき》には奉天《ほうてん》で歩いている人間を一太刀《ひとたち》斬《き》って、その倒《たお》れない間《ま》に三太刀《みたち》を浴《あび》せて刀《かたな》を鞘《さや》に収《おさ》めて平然《へいぜん》として歩《あゆ》むのです。抜打《ぬきう》ちに一太刀《ひとたち》を浴《あび》せて刀を鞘《さや》に収めて平然として歩むのは難《むつ》かしいことはないのですが、三太刀《みたち》を浴《あび》せて相手《あいて》の倒れない間《ま》に刀を鞘《さや》に収《おさ》めて歩くと、そのあとで斬《き》られた人が倒れるから、誰《たれ》が斬《き》ったか判《わか》らない。こういうようにするのは中々《なかなか》技倆《うで》が出来《でき》ていないと出来ないのです。」

「ロシア人《じん》をやったのですか、支那人《しなじん》をやったのですか」と谷口先生《たにぐちせんせい》はお尋《たず》ねになった。

「それはどこの国《くに》の人間だか判《わか》らないのです。ただ夕方街《ゆうがたまち》を歩いている人《ひと》をやったのですから、どこの国の人間だか判《わか》りません。友達《ともだち》がそんな早技《はやわざ》が出来《でき》るかと申《もう》しますから、出来る、わしについて来いといってやったので

日露戦争　明治三十七～三十八年。日本とロシアが戦った戦争。陸軍の乃木希典、海軍の東郷平八郎両将の采配等によって勝利した。ロシアの圧勝を予測していた世界を驚かせ、欧米の有色民族支配の流れに一石を投じた

奉天　旧満洲国の首都であった奉天市。現在の瀋陽

抜打ち　刀を抜くと同時に斬りつけること

技倆（ぎりょう）　腕前。技量

支那人　中国人の旧称。「支那」は、中国大陸で生起した政治・経済・文化・歴史等の総称

す。」

剣客《けんかく》は明るい語調《ごちょう》で少しも屈托《くったく》のない調子《ちょうし》でいうのだった。

「なかなか名人《めいじん》ですねえ」と谷口先生《たにぐちせんせい》はちょっと眉《まゆ》をひそめられたがお笑いになった。

「私は又《また》屠牛場《とぎゅうじょう》で、牛を斬《き》らせてみてくれといって、八十五頭《とう》を斬《き》った事《こと》があります。」剣客《けんかく》は得意《とくい》そうであった。「この首の下《した》の皮《かわ》を一枚《まい》残しておいて太刀《たち》を止《と》めるのです。切《き》り離《はな》してしまうのは技倆《てぎわ》が悪いのです。他《た》の一人《ひとり》がわしにも遣《や》らせてくれといって斬《き》ってみましたが、斬《き》り損《そん》じて腹《はら》のところを斬りました。ちょうど妊娠《にんしん》していた母牛《ぼぎゅう》でありましたので、仔牛《こうし》がその腹の中《なか》から飛び出しました。仔牛《こうし》は腹中《ふくちゅう》から飛出《とびだ》すと直《す》ぐ歩くものです。その仔牛《こうし》をひっ捉《とら》えて鍋《なべ》に入れて丸煮《まるに》をして食べました。牛の胎児《はららご》はあまり美《お》味《い》しいものでありません。」その剣客《けんかく》は別《べつ》に可哀相《かわいそう》だとも罪悪《ざいあく》だとも思わない様子《ようす》で、その言葉には絶《た》えず朗《ほが》らかな調子《ちょうし》が伴《ともな》っていた。

剣客　剣の達人

屈托のない　くよくよせず、晴れ晴れとしているさま

屠牛場　家畜の牛を食肉用に屠殺、解体、加工する施設

はららご　通常はいくらなど、魚類の産卵前の卵を指す。ここでは牛の胎児

修行者中《しゅぎょうしゃちゅう》の婦人《ふじん》のなかには顔《かお》を外向《そむ》けた者《もの》もあった。

「可哀相《かわいそう》に！」と歎《たん》じた人《ひと》もあった。

「旅順《りょじゅん》にいた時《とき》、岩窟《がんくつ》の中《なか》に隠《かく》れていたのを引摺《ひきず》り出《だ》して殺したことがあります。その時怨《うら》めしそうに彼《かれ》は私の顔《かお》を見詰《みつ》めました。あれは悪いと思いました。それから数年前《すうねんぜん》に強盗《ごうとう》が押入《おしい》りました。抜刀《ばっとう》で夜中押入《やちゅうおしい》って来たのです。私が剣道《けんどう》の師範《しはん》であるという事《こと》を知りつつ押入《おしい》って来たとすれば、これは相当技倆《そうとううで》の出来《でき》る者《もの》だと思いました。枕頭《まくらもと》にある刃《は》がこぼれた悪い刀《かたな》を取敢《とりあ》えず抜いて私も構《かま》えました。構えながら、『わしが楠目《くすめ》である事を知って来たなら相当出来《そうとうでき》る者《もの》であろう。さあ打ち込んで来い！』と申《もう》しました。相手《あいて》は、それには少しも答えないでジッと大上段《だいじょうだん》に構えているのです。黙《だま》っている敵《てき》は何《なん》となく恐《おそ》ろしいものです。かくこちらが名乗《なの》っても答えないで剣《けん》を引かないで尚大上段《なおだいじょうだん》に構えているので、これは余程《よほど》出来る者である、こちらが相手《あいて》を斬《き》らなければ相手がこちらを斬《き》るに違《ちが》いないと思い

旅順　現在の中国遼寧省大連市の一地区。遼東半島南端の要衝。日清戦争で日本が割譲したが三国干渉で返還した。日露戦争で激戦の末に日本の租借地となり、関東軍司令部が置かれた

岩窟　岩にできた洞穴。岩屋

抜刀　鞘（さや）から抜いた刀

大上段　刀を頭の上に振り上げて相手を威圧する構え

かく　このように

ました。『ヨシ斬《き》ろう』と思いまして、相手《あいて》の剣勢《けんせい》をうかがいますと、大上《だいじょう》段《だん》に構えてる剣《けん》の切尖《きっさき》が後《うしろ》へ下《さ》がっているのです。この相手は思ったよりも下手《へた》であると思った瞬間《しゅんかん》、私は本能的《ほんのうてき》に相手の横面《よこめん》に斬《き》り込《こ》み、返す刀《かたな》で相手を胴斬《どうぎ》りにしてしまいました。斬《き》れの悪い刀でしたが、横面《よこめん》をまいったとき頭蓋骨《ずがいこつ》を斬《き》り裂《さ》いて上顎骨《じょうがくこつ》を前歯《まえば》四枚《まい》のところまで斬《き》り破《やぶ》っていました。」

聴衆《ちょうしゅう》の多くは、ただ大衆《たいしゅう》小説《しょうせつ》の朗読《ろうどく》を聴《き》いているようで、惨忍《ざんにん》なという実感《じっかん》よりも猟奇的《りょうきてき》な芸術的興味《げいじゅつてききょうみ》でそれを聴いていた。

「ところがその強盗《ごうとう》が、あとで判《わか》ったときは、唖聾《おしつんぼ》の強盗でありまして、私が名乗りをかけても返事《へんじ》もせずジット構《かま》えていたのは、私の言葉が聞えぬからだと判《わか》りまして、そんなら殺すのでなかったと可哀相《かわいそう》な感《かん》じがしました」と老剣客《ろうけんかく》はいった。

「この名人《めいじん》の老剣客《ろうけんかく》も先妻《せんさい》に死に別れ、今《いま》は、手足が不自由になって後妻《ごさい》に

惨忍 無慈悲なことを平気でするさま

猟奇的 怪奇なものや異常なものを捜し求めるさま

いじめられているのです。何《なん》とかこの不自由《ふじゆう》な片手《かたて》を治《なお》してあげて頂《いただ》けないでしょうか？」と友人《ゆうじん》は註釈《ちゅうしゃく》した。

「治《なお》るか、治《なお》らぬか、自分《じぶん》の心の中《なか》にあるのだから、どうか知らぬ」と、人《ひと》を殺してそれに対《たい》してなお懺悔《ざんげ》の心が起《おこ》っていないのを悲しむかのように谷《たに》口先生《ぐちせんせい》は被仰《おっしゃ》った。

某未亡人《ぼうみぼうじん》の話

その翌日《よくじつ》、某国駐在公使《ぼうこくちゅうざいこうし》の未亡人《みぼうじん》が谷口先生を訪《おとず》れて良人《おっと》の死後《しご》の遺産《いさん》争《あらそ》いの話をした。外国《がいこく》に駐在中《ちゅうざいちゅう》、海外《かいがい》で生《うま》れた長男《ちょうなん》が中等教育《ちゅうとうきょういく》を受けるべき年齢《ねんれい》になったので公使《こうし》は長男を日本《にっぽん》に帰して一軒《けん》の家《いえ》を与え本俸《ほんぽう》を自由《じゆう》に使わしておいたら、あまり自由に金《かね》がつかえるために堕落《だらく》して、ドイツ人《じん》の女などと一緒《いっしょ》になり、公使が死ぬと二日目《ふつかめ》にその長男が弁護士《べんごし》を伴《つ》れて来

懺悔 自分の犯した罪を自覚して悔い改め、行いを改めること

頭注版㉞五八頁

駐在公使 国家から派遣された、外国にとどまって外交事務を取り扱う者

中等教育 旧制の中等学校教育。旧制高等学校等への進学を目指した教育課程。昭和二十二年に新制の高等学校に移行した

本俸 給料のうちで手当などを含まない基本的な部分。本給

て、
「遺言状《ゆいごんじょう》があるか、遺言状があれば長男《ちょうなん》がそれだけ損《そん》をするし、遺言状がなければ、父親《ちちおや》の財産《ざいさん》は皆貰《みなもら》って行《ゆ》くから」と宣言《せんげん》した実話《じつわ》をした。

その事件《じけん》の起《おこ》ったのは生長《せいちょう》の家本部《いえほんぶ》がまだ東京《とうきょう》に移転《いてん》しない頃《ころ》のことであった。某国公使未亡人《ぼうこくこうしみぼうじん》は当時《とうじ》の生長《せいちょう》の家東京支部《いえとうきょうしぶ》を訪《おとず》れて、この事件をどう解決《かいけつ》したら好《よ》いかを相談《そうだん》した。支部の服部先生《はっとりせんせい》は、そういう遺産《いさん》に執著《しゅうじゃく》しないで、欲《ほっ》するものは快《こころよ》く与えてしまいなさい、そこから無限《むげん》の神の供給《きょうきゅう》が来るということを話されたそうである。その服部先生の助言《じょげん》によって某国公使未亡人《ぼうこくこうしみぼうじん》は、長男の要求《ようきゅう》した通《とお》り亡夫名義《ぼうふめいぎ》の一切《いっさい》の遺産をやるべく譲歩《じょうほ》して、今《いま》住んでいる家《いえ》と、弟達《おとうとたち》の教育費《きょういくひ》として若干《じゃっかん》を残して、すべてを長男に与えたのだと未亡人はいった。

「その譲歩が悪かったのです。生長の家の考えを混《まじ》えて譲歩したがために、長男の方《ほう》では附《つ》け上《あが》って来たのです。もっと要求《ようきゅう》したら、まだまだ取れる

遺言状　死後に法律上の効力を発するように一定の方式によって作成する文書

生長の家東京支部　生長の家本部が神戸の著者宅にあった当時、各地で支部が発足した。東京でも結成されて著者の東京移転に尽力した

服部先生　服部仁郎。明治二十八〜昭和四十一年。彫刻家。救世観音、如意輪観音などの名作を生んだ。著者の妻である谷口輝子夫人ほか複数の信徒が霊視した神姿を再現して神像を制作した。評伝に『今を生きる』がある。本全集第八巻「聖霊篇」上巻第一章等参照

譲歩　自分の考えを通さずに相手に譲って従ったり妥協したりすること

と思って、今度《こんど》は更《さら》に大きく要求《ようきゅう》して来たのです。」

「何《なに》をそんなに要求して来たのです?」

「香奠《こうでん》は全部《ぜんぶ》長男《ちょうなん》のものであるからそれを寄越《よこ》せ、葬儀費《そうぎひ》一切《いっさい》は母親《ははおや》で支《し》払《はら》えと要求して来たのです。それで私《わたくし》の方《ほう》では、そんなことは出来《でき》ない、それでは亡父《ぼうふ》の入院費《にゅういんひ》用《よう》は誰《たれ》がするかと私《わたくし》の方《ほう》では抗弁《こうべん》しているのです。」

「あればあなたがお出しになれば好《よ》いではありませんか。」

「そんなに譲歩《じょうほ》しておれば、こちらの生活《せいかつ》が成立《なりた》たなくなります。これ迄《まで》でも生長《せいちょう》の家《いえ》の被仰《おっしゃ》るようにして譲歩しました為《ため》に、長男が好《よ》い気になって、これはもっと請求《せいきゅう》しても出すに違《ちが》いないと思って、多々益々《たたますます》要求するようになったのです。尤《もっと》も主人《しゅじん》の遺言《ゆいごん》には、これは誰《たれ》の名義《めいぎ》のものでもない、弟達《おとうとたち》に分《わ》けて与える財産《ざいさん》であるといって、仮《か》りに主人名義《しゅじんめいぎ》にして銀行《ぎんこう》の保管預《ほかんあず》けにしてあった若干《じゃっかん》の財産がありましたが、服部先生《はっとりせんせい》が執著《しゅうじゃく》するなといわれる為《ため》に、それも長男に無条件《むじょうけん》で与えました。すると、長男は

香奠　葬儀に際して死者の霊前に供える金銭

抗弁　相手の意見に対抗して、自分の考えを主張すること

多々益々　多ければ多いほど

益々《ますます》附《つ》け上《あが》って要求《ようきゅう》するのです。生長《せいちょう》の家《いえ》の解決法《かいけつほう》を混《まじ》えたため私《わたくし》は益々《ますます》不利《ふり》な立場《たちば》に陥《おちい》ったのです。」

「失礼《しつれい》ですが、あなたの被仰《おっしゃ》るところを聴《き》いておれば法律違反《ほうりついはん》ばかりをなさっているようです」と野村《のむら》さんが言葉を挿《はさ》んだ。「あなたは遺言《ゆいごん》遺言と被仰《おっしゃ》いますが、法律では遺言書《ゆいごんしょ》のない遺言は何等《なんら》の価値《かち》がありません。それから葬儀《そうぎ》は相続人《そうぞくにん》がすべきものであるのに、相続人が葬儀をしないで、香奠《こうでん》なども、相続人以外《いがい》のものが収受《しゅうじゅ》している。これは法律違反にほかなりません。無論《むろん》その香奠《こうでん》は相続人が受取《うけと》るべきで、相続人が請求《せいきゅう》するのは当然《とうぜん》です。」

「それでは葬儀費《そうぎひ》は誰《たれ》が出すのですか?」未亡人《みぼうじん》は不平《ふへい》らしく反問《はんもん》した。

「葬儀費は無論《むろん》相続人が支払《しはら》うべきものですからねえ」と野村さんは答えた。

「その葬儀万端《ばんたん》を私達《わたくしたち》が済《す》ませて葬儀費を私達《わたくしたち》が支払い、その額《がく》は香奠《こうでん》

野村さん　生長の家草創期の信徒の一人である野村義隆。『生命の實相』全集にもたびたび登場する

収受　受け取って収めること。特に、金品などを不正に受け取ること

以上《いじょう》の額《がく》に及《およ》んでいるのに、香奠《こうでん》は長男《ちょうなん》の収入《しゅうにゅう》である、葬儀費《そうぎひ》は長男は支《し》払《はら》わないというのです。」

「あなたは相続人《そうぞくにん》を差措《さしお》いて葬儀《そうぎ》をなさったのですか。それなら相続人が不《ふ》平《へい》をいうのは無理《むり》もありません」と野村《のむら》さんはいった。

「いいえ、葬儀の席《せき》には長男も列《れっ》しました。しかし葬儀屋《そうぎや》というものは現金《げんきん》支払《しはら》いですから、私達《わたくしたち》が立替《たてか》えて支払ったのです。」

「その費用《ひよう》はどれ程《ほど》の額《がく》ですか。どれほど立派《りっぱ》な葬儀だといってもそれ程に多額《たがく》なものではありますまい。」

「二千五百円位《えんくらい》はかかりました。そのほか石碑《せきひ》の建造費《けんぞうひ》などを合《あわ》して三千五百円位《えんくらい》はかかりました。石碑《せきひ》の代価《だいか》はまだ支払《しはら》ってありません。これはまだ私共《わたくしども》では支払ってありませんから激《はげ》しく催促《さいそく》に来るのです。一方《いっぽう》、香奠《こうでん》は長男の収入《しゅうにゅう》であるといって請求《せいきゅう》せられる。他方《たほう》、石碑屋《せきひや》さんから催促せられる。もう長男の名義《めいぎ》のものをスッカリ渡《わた》してしまった後《あと》ですから、

二千五百円　現在の約五百万～七百五十万円に相当する

三千五百円　現在の約七百万～一千五十万円に相当する

その請求《せいきゅう》に応《おう》ずることは出来《でき》ません。」

「スッカリ、ある限《かぎ》り渡《わた》してしまいなさい。あなたはまだ半分《はんぶん》握《にぎ》っているからいけません」と谷口先生《たにぐちせんせい》は被仰《おっしゃ》った。

「何《なに》を、何を、私《わたくし》がまだ握っていると被仰《おっしゃ》るのですか？」と未亡人《みぼうじん》は口惜《くや》しそうに反問《はんもん》するのであった。その語調《ごちょう》にはこれだけ長男《ちょうなん》に財産《ざいさん》を渡してしまっているのにという怨《うら》みがあった。

「心が、心が、握っているのです。金《かね》の額《がく》ではありません」と、谷口先生は被仰《おっしゃ》った。「心が僅《わず》かな物質《ぶっしつ》を握っているから、あなたは苦しむのです。金《かね》がないと幸福《こうふく》になれないと、あなたの心は金《かね》を握っているのです。ところが果《はた》して金《かね》が人間《にんげん》を幸福に致《いた》しましたでしょうか。あなたの長男さんはお父さんの本給《ほんきゅう》を全部《ぜんぶ》与えてそれを自由《じゆう》に使わすようにしておいたら却《かえ》って堕落《だらく》したでしょう。金《かね》があり過《す》ぎて人間が堕落《だらく》する事実《じじつ》をあなたは現《げん》に御自分《ごじぶん》の長男に体験《たいけん》しながら、まだ心を金《かね》から離《はな》すことをせられないのですか。」

本給　八六頁の「本俸」に同じ

「長男《ちょうなん》は別《べつ》に堕落《だらく》しておりません」と未亡人《みぼうじん》は自分《じぶん》の子供《こども》をかばおうという本能《ほんのう》で答えるのであった。

「あなたの長男が堕落《だらく》していないのだったら、何故《なぜ》その堕落《だらく》していない長男にすべてを与えてしまわないのですか。父親《ちちおや》が亡《な》くなった二日目《ふつかめ》に遺言状《ゆいごんじょう》があったら長男が損《そん》するし、遺言状がなかったら長男が全部《ぜんぶ》の財産《ざいさん》を貰《もら》うといって弁護士《べんごし》を伴《つ》れて来て血で血を洗うような親子兄弟《おやこきょうだい》の財産争《ざいさんあらそ》いを始めるような息子《むすこ》が堕落《だらく》していないのだったら世《よ》の中《なか》に堕落《だらく》している人《ひと》は一人《ひとり》もない」と谷口先生《たにぐちせんせい》は頗《すこぶ》る手厳《てきび》しゅういわれた。「墓碑《ぼひ》の代《だい》は支払《しはら》うとか支払わないとか、香奠《こうでん》をどちらがとるか取らぬとかというような、そんな争《あらそ》いを父の墓碑《ぼひ》の前《まえ》で続けるようなそんな息子が、それで堕落《だらく》していないのですか。金《かね》という物質《ぶっしつ》に執着《しゅうじゃく》することが、どの位《くらい》つまらないことであるかは、それだけでも判《わか》りそうなものです。だから、あなたはまだ放しようが足りないというのです。」

墓碑　死者の戒名や俗名、没年月日、享年、事蹟などを刻んだ墓標

「放《はな》したくなかったら、法律《ほうりつ》で権利《けんり》だけの物《もの》を争《あらそ》う事《こと》ですよ」と野村《のむら》さんは口を挿《はさ》んだ。「道《みち》によって解決《かいけつ》しようと思われれば、どこまでも先生《せんせい》の被仰《おっしゃ》る通《とお》りを素直《すなお》に実行《じっこう》なさらねばなりません。あなたは、先刻《さっき》から聴《き》いていると、生長《せいちょう》の家《いえ》に従《したが》ったら長男《ちょうなん》が図《ず》に乗って来て損《そん》をしたといわれる。それなら何《なに》も生長の家に相談《そうだん》に来なくともよろしいでしょう。先生のいわれるところをあなたの考えに半分混《はんぶんま》ぜてお用《もち》いになる位《くらい》なら、別《べつ》に先生に御相談《ごそうだん》になるには及《およ》ばないと思います。先生に御意見《ごいけん》を伺《うかが》うからにはそのまま全《すべ》てを受けなさい。『だけれども』とか『しかし』とかなしに百パーセント実行しなければなりません。真理《しんり》は百パーセント用いたときに効果《こうか》をあらわすので、先生の御助言《ごじょげん》を二十パーセント自分《じぶん》の考えに混ぜて効果がなかったと苦《く》情《じょう》をいうのはいけません。」

「強盗《ごうとう》が這入《はい》って来たならば、スッカリ相手《あいて》を恐《おそ》れ入《い》らすほど叩《たた》きつけるか、すっかりこちらが執着《しゅうじゃく》を離《はな》れてどれだけでも好《す》きなだけ持たせて帰すかです。中途半端《ちゅうとはんぱ》では却《かえ》って強盗《ごうとう》から傷《きず》つけられる」と谷口先生《たにぐちせんせい》は被仰《おっしゃ》った。

罪《つみ》の自覚《じかく》について

その翌日《よくじつ》、辻村翁《つじむらおう》が谷口先生に訴《うった》えた。「実《じつ》は一昨日《いっさくじつ》伴《つ》れて参《まい》りました老《ろう》剣士《けんし》が、ここへ参《まい》りましたその晩《ばん》から却《かえ》って一層《いっそう》手足が不自由《ふじゆう》になって参りました。私《わたくし》は彼《かれ》の手の不自由を治《なお》してやろうと思って伴《つ》れて参りましたのに、丈夫《じょうぶ》であった右手までもその日から却《かえ》って不自由になりました。私《わたくし》としては彼の妻君《さいくん》に申訳《もうしわけ》もないことをしたと思います。どういうわけであなったか先生《せんせい》の説明《せつめい》をお伺《うかが》いしたい。」

谷口先生はちょっと当惑《とうわく》の表情《ひょうじょう》をせられた。「生長《せいちょう》の家《いえ》は心を治《なお》すところで病気《びょうき》を治《なお》すところではない。あの老人《ろうじん》は人間《にんげん》二十四人《にん》を殺しておきなが

頭注版㉞六四頁

当惑 どうしたらよいか途方にくれること。とまどうこと

ら、それを他人《たにん》のそら、、言《ごと》を語るように平然《へいぜん》と話していた。あの人《ひと》には懺悔《ざんげ》の心がありません。もっともっとあの人は自分《じぶん》が悪かったという罪《つみ》の自覚《じかく》がなければなりません。自分の手足が不自由《ふじゆう》になったといわれるが、一人《ひとり》の手足どころか、二十四人の手足や身体《からだ》から自由《じゆう》を奪《うば》いとったあの人ではありませんか。あの人は悪かったと口先《くちさき》ではいわれたが、真《しん》に自分は悪かったと泣《な》き倒《たお》れて詫《わ》びるほどの罪の自覚はない。あの人の病気《びょうき》の治《なお》らないのは罪が消えていないからです。」

この時《とき》、野村《のむら》さんが「しかし――」と突然《とつぜん》口を挿《はさ》んだ。「しかし、と申上《もうしあ》げては、先生《せんせい》にお言葉を返すようでありますが、私《わたくし》は一昨日《いっさくじつ》あの老剣士《ろうけんし》の話を聞き、昨日《さくじつ》は又《また》あの未亡人《みぼうじん》と長男《ちょうなん》との遺産争《いさんあらそ》いの話をききました。ところが、一昨日の老剣士の話を聞いた時《とき》には少しも不快《ふかい》な感《かん》じを感じませんでしたのに、昨日未亡人と長男との遺産争いの話を聞きました時には実《じつ》に不快な感じに打たれました。おそらくあの話は私《わたくし》がこの道場《どうじょう》に寄《よ》せて頂《いただ》いて以来《いらい》の不快《ふかい》な話だったと思います。これは何故《なぜ》だろうと私《わたくし》は考えてみずにはいられません。先生《せんせい》の御説明《ごせつめい》が承《うけたまわ》りたいと存《ぞん》じます。」

「一昨日《いっさくじつ》の老剣士《ろうけんし》の話が新講談《しんこうだん》を読むように快《こころよ》く聴《き》かれたのは、あの老剣士には罪《つみ》の自覚《じかく》がないからです。罪を罪だとして取扱《とりあつか》っていないから不快な感《かん》じがしないのです。昨日《さくじつ》の未亡人《みぼうじん》の遺産《いさん》争《あらそ》いの話が実《じつ》に不快に感じられたのは、罪の自覚がありながら、罪を放《はな》そうとしつつ、また執着《しゅうじゃく》で罪に引戻《ひきもど》されて来る悩《なや》みがあるからです。心の中《なか》で穢《きたな》くものを扱《あつか》うような自覚があって争《あらそ》っているから穢《きたな》く感じられるのです。しかしあの剣士《けんし》には罪の自覚がない、悪《あく》を犯《おか》しながら悪を犯したと知らないから不快な感じが起《おこ》らないのです。」

谷口先生《たにぐちせんせい》はここまでいってからしばらく黙《だま》っていられたが、「生長《せいちょう》の家《いえ》では人間《にんげん》は神の子であって罪は本来《ほんらい》ないという、そして今《いま》また『あの人は罪の自覚がないからいかぬ』という。この二《ふた》つは互《たがい》に矛盾《むじゅん》しているように御考《おかんが》え

新講談　大正末期に興った大衆文学の呼称の一つ。講談は、軍記、武勇伝、かたき討ちなどを調子をつけておもしろく読んで聞かせるもの

になるかも知れませぬが、決《けっ》して矛盾《むじゅん》していないのです。罪《つみ》は本来無《ほんらいな》いということは人間《にんげん》の本来の相《すがた》をいうのであって、本来の相《すがた》を出さないでおって、そのウソの相《すがた》のままで自分《じぶん》は神の子である、このウソの相《すがた》が神の子の姿《すがた》であるなどと思うといけないのです。罪の自覚《じかく》がないということは、ウソの相《すがた》をそのままでこれで可《よ》いと思《おも》い込《こ》んでいることです。神の子なる百点《てん》が本当《ほんとう》の姿であるのに、五十点、三十点で、これで神の子だと思《おも》い上《あが》っている。つまり実相《じっそう》の百点を包《つつ》んで五十点、三十点でそれで可《よ》いとしている。つまり自分の実相百点に包みがあることを自覚しないから、罪の自覚がないというのです。だから罪の自覚があるということは、自分は悪い仕様《しよう》のないものじゃと思うことではない。自分は今《いま》のようにこんな悪い者《もの》ではないと知ることです。このままの五十点三十点は私《わたくし》の本当の相《すがた》ではないと知ることです。罪《つみ》深《ぶか》く、悪いことをしても洒蛙洒蛙《しゃあしゃあ》としていて悪いことだと知らない、これは神の子というものは五十点三十点で当《あた》り前《まえ》だと思っていることになるので

洒蛙洒蛙　厚かましくて少しも恥ずかしがらずに平気でいるさま

す。二十四人《にん》を殺しても、およそ講談《こうだん》を物語《ものがた》るように当《あた》り前《まえ》に語《かた》り得《う》るのは、人間《にんげん》とは二十点《てん》三十点で当《あた》り前《まえ》だと思っていて、それを悪いことだと思っていないことになるのです。だから昔《むかし》から徳《とく》の高い聖者《せいじゃ》ほど罪《つみ》の自覚《じかく》は強いという。これは現在《げんざい》の心境《しんきょう》ではまだ実相《じっそう》百点に達《たっ》していないと知っているからです。罪深《つみふか》いと自覚する者《もの》は、実相が却《かえ》って無罪《むざい》の百点であるということを自覚していることになるのです。生長《せいちょう》の家《いえ》は人間の無罪を宣言《せんげん》するために出現《しゅつげん》したというのは、本来無罪本来《ほんらい》百点を宣言する為《ため》に出現したのです。五十点六十点で満足《まんぞく》する事《こと》は人間本来不完全《ふかんぜん》を宣言する事になって、人間の完全宣言《かんぜんせんげん》、無罪宣言《むざいせんげん》にはならないのです。今迄《いままで》の宗教《しゅうきょう》はあまり罪ということを強調《きょうちょう》して説《と》き過《す》ぎたために、人間は本来不完全なものである。五十点六十点にしかなれないものである。百点には決《けっ》してなれないものである、どうせ、どうにもならないヤクザな仕方《しかた》のない者《もの》であると自分自身《じぶんじしん》をつまらない者に見過《みす》ぎていた。そのために却《かえ》って自己暗示《じこあんじ》の力《ちから》でよくなれなかったのです。そのために殺人罪《さつじんざい》を犯《おか》しながら、それを当《あた》り前《まえ》のように思い、講談師《こうだんし》がそれをペラペラ喋《しゃべ》るのと同じように喋《しゃべ》れたりするのです。あの未亡《みぼう》人《じん》の財産《ざいさん》争《あらそ》いには良心《りょうしん》の目醒《めざ》めがある。良心の目醒《めざ》めがあっても執著《しゅうじゃく》のために良心の目醒《めざ》め通《どお》りに従《したが》うことが出来《でき》ない。そこに心の中《なか》に葛藤《かっとう》があり、自己非難《じこひなん》があり、自己弁解《じこべんかい》があり、自己隠蔽《じこいんぺい》があり、それでいてそれを善《よ》いとも思えないので苦しんでいる。その葛藤《かっとう》があるために感《かん》じられる感じが醜《みにく》いものとなっているのです」と谷口先生《たにぐちせんせい》は再《ふた》び被仰《おっしゃ》った。

類《るい》は類を招《よ》ぶ

谷口先生が大阪《おおさか》の国民会館《こくみんかいかん》へお越《こ》しになったとき、黙々《もくもく》として三年間誌友《ねんかんしゆう》として道《みち》を求めて来られたのみで、今迄誰《いままでたれ》にも説教《せっきょう》せられたことのなかったK氏《し》が立上《たちあが》って講演《こうえん》した。その人《ひと》は海事審判《かいじしんぱん》の弁護士《べんごし》をしている人であっ

葛藤　かずらや藤のつるがからみあうように、もつれていがみ合うこと

頭注版㉞六八頁

国民会館　昭和七年に武藤山治が設立した社団法人國民會館が同八年に大阪城の前に建設したビル。千二百名を収容できる、当時としては数少ない施設であった

海事審判　海難審判を指すと思われる。職務上の故意や過失によって発生させた航海中の船舶の事故で海技従事者等の懲戒を行うための審判

た。何分《なにぶん》事件《じけん》は海上《かいじょう》の出来事《できごと》で海の波と共《とも》に証拠《しょうこ》は流れ去っている。航海《こうかい》の実際経験《じっさいけいけん》のあるK氏《し》にとっては、弁護《べんご》を頼《たの》まれた事件《じけん》を頼まれた側《がわ》に有利《ゆうり》なように事実《じじつ》を想像敷衍《そうぞうふえん》して弁護することが可能《かのう》であったし、又《また》そうしなければ、弁護を頼まれた相手《あいて》にも済《す》まないわけであった。正義観念《せいぎかんねん》の強いK氏にとっては、事実上《じじつじょう》過《あやま》ちがその方《ほう》にある側《がわ》から弁護を頼まれると、断《ことわ》るわけには行《ゆ》かないし、引受《ひきう》けた以上《いじょう》はその方《ほう》を弁護しなければならないし、この職業上《しょくぎょうじょう》の矛盾《むじゅん》に苦しんでいたのであった。時《とき》にはその職業《しょくぎょう》を辞《や》めてしまおうかと思うような時もあった。ところがK氏が「生長《せいちょう》の家《いえ》」の神想観《しんそうかん》を行《ぎょう》じて、万事《ばんじ》すべてが調和《ちょうわ》している大調和《だいちょうわ》の心境《しんきょう》に入《い》るようになってからは、紛争《ふんそう》の正しくない側《がわ》から弁護を頼まれることが決《けっ》してなくなったのであった。類《るい》は類を招《よ》ぶ、こちらが大調和の心境になると共《とも》に、K氏のところへ依頼《いらい》に来る客《きゃく》は当然《とうぜん》弁護すべき側《がわ》の正しい者ばかりになったのである。

敷衍　言葉を加えて詳しく説明して意義を押し広めること

真理《しんり》は癒《い》やす

昭和《しょうわ》十年《ねん》三月三日《がつみっか》の服部氏邸《はっとりしてい》に於《お》ける生長《せいちょう》の家誌友会《いえしゆうかい》では服部氏は郷里《きょうり》の徳島《とくしま》へ旅行中《りょこうちゅう》であったが、服部氏夫人《はっとりしふじん》が慶応医大国手《けいおういだいこくしゅ》から来た礼状《れいじょう》を公《こう》開《かい》された。降屋国手《ふるやこくしゅ》は数年前狂犬《すうねんぜんきょうけん》に咬《か》まれて、予防注射《よぼうちゅうしゃ》を規定《きてい》の日数《にっすう》だけやらぬうちにそれが原因《げんいん》で半身《はんしん》が不随《ふずい》になり、起《た》つことは勿論坐《もちろんすわ》ることも出《で》来《き》なくなった。坐《すわ》っても手で身体《からだ》を支《ささ》えなければたちまち倒《たお》れてしまうのであった。降屋国手《ふるやこくしゅ》は持って生《うま》れた明敏《めいびん》な頭脳《ずのう》で自分《じぶん》で自分の身体《からだ》を倒れないように支える車体《しゃたい》の附《つ》いたオートバイを発明《はつめい》し、手だけの操縦《そうじゅう》でどこへでも訪問《ほうもん》するように工夫《くふう》していた。服部氏が或《あ》る日《ひ》慶応医大病院《けいおういだいびょういん》へ降屋国手《ふるやこくしゅ》を訪問して、生命《せいめい》の実相《じっそう》を説《と》いてきかし、『生命《いのち》の烈風《はやて》』に収録《しゅうろく》されている『天使《てんし》の言葉《ことば》』を朗読《ろうどく》していると、当《とう》の聴《き》かされている降屋氏自身《ふるやしじしん》よりも

頭注版㉞六九頁

誌友会　生長の家信徒が自宅等を提供して開く研鑽会。昭和九年に著者が神戸から東京に移転した直後、「お山」と呼ばれた著者の自宅に於ける誌友会の参加者が大変多かったため、東京市内を三つに分けて、第一日曜集会（服部仁郎氏邸）、第二日曜集会（生長の家本部）、毎月十八日集会（金忠商店）の三箇所で開催された

国手「国を医する名手」の意より、名医

慶応医大　明治六年に設立された慶應義塾医学所に始まる。昭和二十七年に新制の医学部が発足した

『生命の烈風』　昭和九年、生命の藝術社刊。翌年発行の『生命の實相』全集第三巻「聖霊篇・実証篇」の内容を収録。本全集では第八〜十一巻

隣室《りんしつ》の肋膜患者《ろくまくかんじゃ》が治《なお》ってしまった。降屋氏《ふるやし》は自分《じぶん》の病歴《びょうれき》を話して服部氏《はっとりし》に思念《しねん》してもらった。服部氏は「そういうオートバイのような外《そと》の機械《きかい》で身体《からだ》を支《ささ》えてもらおうなどという念《ねん》を起《おこ》すのがいけないのです。それだけの力《ちから》を内《うち》で生かすようにしたならば、もう今頃《いまごろ》は歩けていたでしょうに」といった。降屋氏《ふるやし》は「成《な》る程《ほど》、成《な》る程《ほど》」と感動《かんどう》した。服部氏が降屋氏《ふるやし》を三回《かい》見舞《みま》って真理《しんり》を話すと降屋氏《ふるやし》は自分で坐《すわ》れて、手で支えないでも坐《すわ》りつづけていられるようになった。服部氏が郷里《きょうり》徳島《とくしま》へ出発《しゅっぱつ》する前《まえ》に降屋氏《ふるやし》の病床《びょうしょう》を訪《おとず》れると、降屋氏《ふるやし》は留守《るす》であった。降屋氏《ふるやし》の腰《こし》がよくなったので主治医《しゅじい》が許《ゆる》して数年《すうねん》ぶりで東京見物《とうきょうけんぶつ》に伴《つ》れ出《だ》したのであった。服部氏夫人《はっとりしふじん》が座談会《ざだんかい》の席上《せきじょう》で公開《こうかい》した手紙《てがみ》には「服部氏からわざわざ見舞《みまい》に出向《でむ》いて頂《いただ》いたのに、折柄《おりから》出掛《でか》けていて申訳《もうしわけ》がなかったが、それというのも服部先生《はっとりせんせい》のお蔭《かげ》で外出《がいしゅつ》し得《う》るまでになったので感謝《かんしゃ》する」と書いてあった。

それから谷口先生《たにぐちせんせい》は実物《じつぶつ》の礼状《れいじょう》を誌友《しゆう》の前《まえ》で読み上げられた。長崎《ながさき》市《し》片《かた》

『天使の言葉』 昭和七年、『甘露の法雨』の「生長の家」の項として『生長の家』誌に発表された詩。後に『天使の言葉』と命名され、独立した聖経となった。『生命の烈風』や『生命の實相』『聖霊篇』の巻頭に「序詩　天使の言葉」として収録

肋膜 肺の外部を覆う胸膜に炎症が起こる疾患。現在では胸膜炎という

折柄 ちょうどその時。折しも

淵町《ぶちちょう》一ノ二八の山田豊四郎《やまだとよしろう》さんの奥様《おくさま》は、数日間本部《すうじつかんほんぶ》で話をきいての帰るさ、汽車中《きしゃちゅう》で聖典《せいてん》『生命《せいめい》の實相《じっそう》』の分冊《ぶんさつ》を熱心《ねっしん》に読んでいると便意《べんい》を催《もよお》して来たので洗面所《せんめんじょ》に入《はい》ると激《はげ》しく出血《しゅっけつ》した。「オヤ！」と思ったが、神想観《しんそうかん》の心持《こころもち》で静かに黙禱《もくとう》をつづけていると出血も治《おさ》まったらしいので紙で拭《ふ》くと、小指頭大《しょうしとうだい》の痔核《じかく》がポタリと除《と》れて、紙に残り、永年痼疾《ながねんこしつ》の痔疾《じしつ》はその時《とき》以来治《いらいなお》ってしまったのであった。そのほか色々《いろいろ》の病気《びょうき》が治《なお》った実例《じつれい》をお挙《あ》げになった。

生長《せいちょう》の家《いえ》と治病《ちびょう》

ここで、或《あ》る僧侶出身《そうりょしゅっしん》の自然科学書《しぜんかがくしょ》の著述家《ちょじゅつか》が谷口先生《たにぐちせんせい》に質問《しつもん》した。その質問は僧侶出身に似合《にあ》わしくない、少しも宗教的認識《しゅうきょうてきにんしき》のない迂《まわ》りくどいものであった。その中《うち》に「病気の存在《そんざい》を認《みと》めない生長《せいちょう》の家《いえ》が本を読んで病

帰るさ　帰る時

聖典『生命の實相』の分冊　『生命の實相』から一部分を抜き出し、テーマごとに編纂して刊行された冊子シリーズ。「生長の家叢書」や「光明叢書」がある

黙禱　無言で心の中で祈ること

小指頭大　小指の先ぐらいの大きさ

痔核　直腸下部や肛門管が膨らんで球状になった静脈瘤。いぼ痔

痔疾　肛門およびその周辺部分の病気の総称

頭注版㉞七〇頁

迂りくどい　遠回しでわずらわしいこと

気が治《なお》るというのはインチキだ」というような質問《しつもん》があった。

「インチキによってでさえ治《なお》るのが病気《びょうき》なのだから、病気の存在《そんざい》こそ正《まさ》にインチキだ」と谷口先生《たにぐちせんせい》はお笑いになった。しかし「生長《せいちょう》の家《いえ》は肉体《にくたい》の病気《びょうき》治《なお》しではありません。私はまた病人に手も触れません。誌友《しゅう》の方《かた》は互《たがい》に扶《たす》けるために病人《びょうにん》を訪問《ほうもん》して手を按《お》いて祈《いの》ってあげたこともあった。しかし私がそれをやっては生長の家をただの病気治《びょうきなお》しの霊術家《れいじゅつか》だと誤解《ごかい》する人《ひと》が出《で》来《き》て来ます。私は病人が治してくれといって来ても治しません。病人は自分《じぶん》自身《じしん》の心で病気を作っているのですから、私の話を聴《き》いたり、私の書いた本を読んで心が癒れば病気が自然に治るのです。疣《いぼ》が落ちたり痔核《じかく》がとれたり自然《しぜん》にするのです。現《げん》にそれがこのように実現《じつげん》しているのです。」

「病気なんて無《な》いといわれる生長の家が、病気の治《なお》る話をするのは矛盾《むじゅん》でありませんか」と自然科学書《しぜんかがくしょ》の著述家《ちょじゅつか》が追求《ついきゅう》した。

「『生命《せいめい》の實相《じっそう》』を克《よ》く読んだら、そんな質問は出なくなります。『法華《ほけ》

霊術家 祈禱などによって病因を探ったり治療したりする人

『法華経』 『妙法蓮華経』の略。大乗経典中最も高遠な教えが説かれているとされる

経《きょう》』の中《なか》の譬《たと》え話《ばなし》に、将《まさ》に焼け落ちんとする火宅《かたく》の中《なか》に余念《よねん》なく遊んでいる子供《こども》を救《すく》うために、玩具《おもちゃ》の宝物《たからもの》を示して、『これをやるからここまで来い』といって子供を火宅《かたく》から誘《さそ》い出《だ》して今度《こんど》は本物《ほんもの》の宝《たから》を附《わた》すことが書いてあることを御存知《ごぞんじ》でしょう。生長《せいちょう》の家《いえ》で病気《びょうき》治《なお》しの話をするのは、この玩具《おもちゃ》の宝物を示しているのと同じです。『やがて死に朽《く》ち果《は》つるべき肉体《にくたい》の健康《けんこう》』を与えるかの如《ごと》く示すのは、この玩具《おもちゃ》の宝物を示しているのです。そしてやって来れば、永久《えいきゅう》に死なない生《い》き通《とお》しの生命《せいめい》を与えるのです。生長の家の与えるものはこの永遠不死《えいえんふし》の生命《せいめい》です」と谷口先生《たにぐちせんせい》は被仰《おっしゃ》った。

「私《わたくし》の家内《かない》が申《もう》しますのに、谷口先生のいわれる金剛不壊《こんごうふえ》の実相身《じっそうしん》といわれるのは、この肉体《にくたい》のことではないでしょう。しかし私《わたくし》はこの肉体が幸福《こうふく》になりたいのです。この肉体が幸福で愉快《ゆかい》で三度三度《ど》の食事《しょくじ》が美味《おい》しく頂《いただ》けたらそれで好《よ》い。実相《じっそう》は金剛不壊《こんごうふえ》であろうがなかろうが、そんなことはどうだって好《よ》い、とこう申《もう》すのです。自分《じぶん》では解《わか》っているつもりでもこう突込《つっこ》ん

火宅　火事で燃えさかる家

余念ない　熱中していて他のことを考えないさま

附す　与える

金剛不壊　「金剛」はダイヤモンド。非常に堅固でどんなものにも壊されないこと

で来られると何《なん》と答えて好《よ》いか解《わか》らなくなるのです」とその人《ひと》は今度《こんど》は婉《えん》曲《きょく》に自分《じぶん》の家内《かない》の反駁《はんばく》にかこつけて質問《しつもん》するのであった。

「肉体《にくたい》も環境《かんきょう》も心の影《かげ》ですから、金剛不壊《こんごうふえ》の実相身《じっそうしん》が自覚《じかく》されたら、心の波《なみ》が幸福《こうふく》になる、心の波が幸福になれば、肉体も環境も幸福になるのです。肉体のことを思《おも》い煩《わずら》っているときは、肉体は常住《じょうじゅう》なきものであるから、心の波は常住なき不安《ふあん》なものとなり、その心の影である肉体も環境も不安なものとなり、結局《けっきょく》あなたの奥様《おくさま》の被仰《おっしゃ》る三度《ど》の御飯《ごはん》が美味《おい》しく食べられなくなるのです。だから、三度の御飯《ごはん》を美味《おい》しく食べるには、金剛不壊《こんごうふえ》の実相身《じっそうしん》なんてどうでも好《よ》いことはない。金剛不壊《こんごうふえ》の実相身《じっそうしん》が悟《さと》れて初《はじ》めて本当《ほんとう》に三度の御飯《ごはん》が美味《おい》しく食べられるのです」と谷口先生《たにぐちせんせい》は被仰《おっしゃ》った。

神の子の標準《ひょうじゅん》を出せ

婉曲 表現のしかたが遠回しなさま

かこつける 直接には関係しない他の事と結びつけて都合のよい口実にすること

常住なし 常に同じであり続けることなく変化していること

頭注版㉞七三頁

その時《とき》小学校《しょうがっこう》の先生《せんせい》が起立《きりつ》して発言《はつげん》した。「先日《せんじつ》から、豊島区《としまく》全体《ぜんたい》の小学校の連合絵画手工展覧会《れんごうかいがしゅこうてんらんかい》があるのでございまして、私《わたくし》もその図画《ずが》の係員《かかりいん》になっているのでございます。会場《かいじょう》は仰向西小学校《ぎょうこうにししょうがっこう》でございます。その生《せい》徒作品《とさくひん》の審査員《しんさいん》として来られましたのが東京府《とうきょうふ》の絵画手工方面《かいがしゅこうほうめん》の視学《しがく》をしていられる佐藤先生《さとうせんせい》と被仰《おっしゃ》る方《かた》であります。この佐藤先生が出品《しゅっぴん》されている児童《じどう》の絵画手工《かいがしゅこう》に対《たい》して、優等《ゆうとう》とか佳作《かさく》とかその点数《てんすう》に応《おう》じて、金紙《きんがみ》を貼《は》り、銀紙《ぎんがみ》を貼りして行《ゆ》かれるのでありますが、佐藤先生が児童の作品を審査される時《とき》には、一年生《ねんせい》の作品の前《まえ》に立っては『一年生、一年生、一年生』と自《じ》分《ぶん》にいって聴《き》かせているとでもいうような調子《ちょうし》で、いちいち頷《うなず》きつつ、その作品に点数をつけて行《ゆ》かれるのです。二年生の作品の前では又《また》『二年生、二年生』とやられるのです。そして実《じつ》にその審査の標準《ひょうじゅん》が一定《いってい》して過《あやま》たないのです。私《わたくし》は感心致《かんしんいた》しまして、『佐藤先生、あなたはどういうわけで一年生の作品の前では一年生、一年生と頷《うなず》かれ、二年生の作品の前では二年生、二年

小学校の先生　栗原保介。本全集第二十二巻「教育篇」三七頁等参照

手工　手先による工芸

東京府　現在の東京都の前身で、慶応四年(明治元年)から昭和十八年までの間の呼称

視学　旧制の学校教育で学事の視察や教員への指導を行った教育行政官。現在の指導主事にあたる

過たない　やり損なわない。間違わない

生と頷《うなず》かれるのですか』と尋《たず》ねますと、佐藤先生《さとうせんせい》は『これは常住《じょうじゅう》の心を保《たも》つ方法《ほうほう》です。常住の心が無《な》いと審査の標準《ひょうじゅん》が狂《くる》ってしまう。どの作品《さくひん》にも一《いっ》定《てい》の標準を維持《いじ》するには、自分《じぶん》の心にどの標準を保つかということを常《つね》にいいきかせていなければならない。吾々《われわれ》の心のうちには、一年生《ねんせい》の標準もあれば、二年生の標準もあり、三年生……等々《とうとう》の標準もある、どの標準を出してくるかは、その欲《ほっ》する標準を言葉で呼《よ》びかけて、自分のうちにあるその標準を出して来なければならない』と被仰《おっしゃ》るのでございます。そこで私《わたくし》は『佐藤先生は中々宗教家《なかなかしゅうきょうか》でいらっしゃいますね』と申《もう》しますと、佐藤先生は、『私《わたくし》は宗教《しゅうきょう》は知らないが、そういう君《きみ》は何《なに》か宗教をやっているようだね』と被仰《おっしゃ》るのです。そこで私《わたくし》は釦孔《ボタンあな》の徽章《きしょう》を指《さ》して「ええ私《わたくし》はこのマークにある通《とお》り生長《せいちょう》の家《いえ》の家族《かぞく》でございます。先生《せんせい》の被仰《おっしゃ》います通り、吾々《われわれ》の心の中《なか》には、色々《いろいろ》の標準が満《み》ちている。善《よ》い標準もあれば悪い標準もある。その悪い標準が出て来て行動《こうどう》すれば、行《おこな》いが乱《みだ》れてしまう。善《よ》い標準が出て

徽章　身分や所属を示すバッジ。ここでは生長の家のマークのバッジ。万教帰一・中心帰一を表象しており、太陽・月・星・地球と神道・仏教・キリスト教の融和を丸・卍字・十字の組み合わせで表現している。元帝展審査員山根八春が図案化した

生長の家の家族　生長の家の教えを信奉する信徒を親愛を込めて言った言葉

行動《こうどう》すれば行《おこな》いが正しくなる。その善《よ》い標準《ひょうじゅん》を呼出《よびだ》して日常生活《にちじょうせいかつ》をリードして行《ゆ》くには、先刻先生《さっきせんせい》が言葉で自分自身《じぶんじしん》にいってきかせて、『一年生《ねんせい》、一年生』と一年生の心を呼出《よびだ》されましたように、生長《せいちょう》の家《いえ》では、言葉で常《つね》に自分自身に『神の子、神の子』といってきかせて自分《じぶん》の内《うち》にある神の子なる標準を呼出《よびだ》すことにするのです。するとすべての行動《こうどう》が次第《しだい》に神の子なる標準に合うように高まって来《き》、すべての生活能力《せいかつのうりょく》が次第に神の子なる標準に高まって来《き》、健康《けんこう》もよくなり能力《のうりょく》も増進《ぞうしん》するのでございます』とこう申上《もうしあ》げますと、その佐藤先生《さとうせんせい》は大変《たいへん》お喜《よろこ》びになりました。」

この先生の話をきいて谷口先生《たにぐちせんせい》は、先刻《さっき》から小理窟《こりくつ》をいっていた人《ひと》の方《ほう》を振返《ふりかえ》られた。

「××さん、あなたは近頃《ちかごろ》あまり自然科学《しぜんかがく》の本をお読みになって、あなたの内《うち》にある現在《げんざい》の自然科学者《しぜんかがくしゃ》の標準をお出しになったのでしょう。一年生の標準を出して来たら、二年生の作品《さくひん》はわからない、現在自然科学者の標準では生長《せいちょう》の家《いえ》はわからない。生長の家を理解《りかい》するには、あなたの内《うち》にある『神の子』の標準《ひょうじゅん》をお出しにならねばなりません」と被仰《おっしゃ》った。

上役《うわやく》との調和法《ちょうわほう》

或《あ》る日《ひ》、小石川《こいしかわ》の某会社《ぼうかいしゃ》につとめている支配人《しはいにん》の次席《じせき》の男が、こんなことを谷口先生《たにぐちせんせい》にお尋《たず》ねした。

「私《わたくし》の会社につとめている上役《うわやく》は頑迷無礼《がんめいぶれい》頑固一徹《がんこいってつ》で、少し頭が低級《ていきゅう》で、自分《じぶん》の考えばかりを通《とお》そうとして、自分がいい出したことは一歩《ぽ》も退《ひ》こうとしないのです。こういう上役《うわやく》の心を和《やわら》げて少しはこちらの意見《いけん》も通るようにしたいと思いますが、それにはどうしたら好《よ》いでしょうか?」

「上役《うわやく》が頑固一徹《がんこいってつ》なら、そんな結構《けっこう》なことはないじゃありませんか。少しはお前達《まえたち》考えて工夫《くふう》してやってくれといわれれば、考えるのに骨《ほね》も折れましょ

頭注版㉞七五頁

小石川　現在の東京都文京区にある地名

次席　局、部、課などの長の次の地位にある人

頑迷　頑固で道理にくらいこと

頑固一徹　自分の考えや態度などを絶対に変えようとしないで押し通すさま

うが、上役《うわやく》が自分《じぶん》で何《なん》でも考えてくれて、その通《とお》りやれといわれるのなら、そんなラクなことはない。上役《うわやく》のいいなり通《どお》りに唯《ただ》ハイハイとやっておればあなたはよいのです。あなたの考えねばならぬ処《ところ》まで上役《うわやく》が自身《じしん》で考えてくれれば、あなたは上役《うわやく》に感謝《かんしゃ》すべきです。それにあなたは上役《うわやく》に感謝するどころか、その上役《うわやく》に対《たい》して不平《ふへい》の心を持っている、そんなことではいけません」と谷口先生《たにぐちせんせい》は被仰《おっしゃ》った。

するとその人《ひと》は言葉を返した。「ですけど、その上役《うわやく》の言いなり通りにしていては会社《かいしゃ》の会計《かいけい》が立たなくなります。又《また》よし、私《わたくし》がその上役《うわやく》のいいなり通りにしようと思いましても、私《わたくし》の部下《ぶか》の者《もの》たちが、そんな事《こと》は実行出来《じっこうでき》ないといって反抗《はんこう》するのです。課長《かちょう》は頭が悪い、課長は頭が悪い、そんな課長の言いなり通りは実行出来ぬ、と皆《みな》の者が課長に反対《はんたい》するのです。私《わたくし》は上役《うわやく》と部下との中間《ちゅうかん》に立って二進《にっち》も三進《さっち》も行《ゆ》かないことになるのです。」

「成《な》る程《ほど》」と谷口先生は思案深《しあんぶか》そうに被仰《おっしゃ》った。「それほど皆のものが『課

よし　たとえ。仮に

二進も三進も行かない　そろばんで二でも三でも割り切れずにやり繰りがつかないことから、行き詰まって身動きがとれないさま

長は頭《あたま》が悪い、課長《かちょう》は頭が悪い』と思いつめていたら、念《ねん》の感応《かんのう》によって余《よ》程《ほど》頭の良《よ》い課長でも頭が悪くなります。そして皆《みな》の者《もの》がそんなに反抗《はんこう》しているということをその課長が感《かん》じたら、何糞《なにくそ》！　という気になって、否応《いやおう》なしに我《が》を突《つ》き通《とお》してみたくなります。あなたは課長が我《が》が強い頑固一徹《がんこいってつ》な人《ひと》だといわれるけれども、あなた達《たち》みんなの心の力《ちから》で課長の我《が》を強くしているのではありませんか？」

「そういえば、そうですけれど……」とその男はたじたじとした。

「そういわなくても、そうでしょう」と谷口先生《たにぐちせんせい》はもう一歩《ぽ》進んで相手《あいて》の迷《まよ》いを追詰《おいつ》めるような調子《ちょうし》でいわれた。

「誰《たれ》でも周囲《しゅうい》の皆の者からそんなに悪く思われたら、善《よ》くなることは難《むつ》かしい。あなたは上役《うわやく》と部下《ぶか》の者の中《なか》に立って苦しい立場《たちば》にあるといわれるけれども、あなたほど結構《けっこう》な立場はない。あなたは何故《なぜ》その上役《うわやく》が頑固であるか、それは皆の者が上役《うわやく》を頑固だ頑固だと思って反抗する心の反映《はんえい》である事《こと》

感応　心が感じとりそれに反応すること

を部下《ぶか》に説明《せつめい》してあげたら好《よ》い。部下の者《もの》たちに心の法則《ほうそく》を説《と》いてきかせて、一人《ひとり》でも真理《しんり》に目醒《めざ》めさせてあげれば、その事《こと》は一会社《かいしゃ》のつぶれるのを建直《たてなお》すことよりもなお偉大《いだい》な仕事《しごと》である。また部下の者みなが上役《うわやく》の意見《いけん》をそのままハイハイハイハイと素直《すなお》に実行《じっこう》するようになったら上役《うわやく》の頑固《がんこ》な心《こころ》持《もち》はやわらいで来ます。反抗《はんこう》するから上役《うわやく》の感情《かんじょう》が昂奮《こうふん》して騎虎《きこ》の勢《いきお》い遮《しゃ》二無二《にむに》、一旦《いったん》いい出したことを通《とお》そうとするようになるのです。誰《たれ》も反抗しなければ、上役《うわやく》の心に余裕《よゆう》が出来《でき》てみずからを顧《かえり》みるようになります。そして上役《うわやく》の方《ほう》から、『ここは君《きみ》どういうふうにやったら好《よ》いだろう』と部下の者の意見を問いたくなって来ます。そうすれば会社もつぶれなくなるし、上《うわ》役《やく》も部下の者も調和《ちょうわ》して楽しく仕事が出来るようになるのです」と被仰《おっしゃ》った。

騎虎の勢い『隋書』「独孤皇后伝」中の言葉。虎に乗った人が途中で降りられないように、物事の勢いが盛んになって後へ引けなくなること

遮二無二　他への配慮なしに強引に物事を推し進めるさま

喘息《ぜんそく》癒《い》ゆ

或《あ》る日《ひ》、Kさんの事務所《じむしょ》へ、一人《ひとり》の紳士《しんし》が訪《おとず》れた。椅子《いす》にかけると激《はげ》しく喘息《ぜんそく》の発作《ほっさ》を起《おこ》して、如何《いか》にも苦しそうであった。紳士はアドレナリンとコカインとの合剤《ごうざい》を噴霧《ふんむ》して吸入《きゅうにゅう》しようとして携帯用《けいたいよう》の噴霧吸入器《ふんむきゅうにゅうき》を鞄《かばん》から取出《とりだ》した。それを見ていたKさんは、「そんな物《もの》を出さないでも治《なお》れば好《よ》いのでしょう」と紳士の背後《うしろ》へ廻《まわ》り静かにしばらく思念《しねん》した。薬《くすり》を使うよりも速《すみや》かに苦痛《くつう》は和《やわ》らいで紳士の喘息《ぜんそく》は鎮《しず》まった。紳士は自分《じぶん》の喘息《ぜんそく》が薬も用《もち》いないでそんなに速《すみや》かに治《なお》った不思議《ふしぎ》さにその理由《りゆう》をたずねた。Kさんはその紳士に生命《せいめい》の実相《じっそう》を説《と》いて聴《き》かせた。人間《にんげん》の生命《せいめい》は神の生命《せいめい》であり、本来病気《ほんらいびょうき》のあり得《う》べからざることを説明《せつめい》して、この本を読んで真理を自覚すれば、どんな病気でも治《なお》るのだと説明して、聖典《せいてん》『生命《せいめい》の實相《じっそう》』を手渡《てわた》した。

頭注版㉞七八頁

喘息 気管支の炎症の慢性化で咳などの症状をきたす疾患

アドレナリン adrenaline 副腎髄質から分泌されるホルモンの一種。明治三十四年に高峰譲吉が初めて結晶化して強心剤や血圧上昇剤などに利用した

コカイン cocaine コカ葉の主成分で麻薬の一種。局所麻酔剤としても用いられる

合剤 水で溶解したり混ぜ合わせたりした薬剤

その紳士《しんし》は聖典《せいてん》『生命《せいめい》の實相《じっそう》』を読むと共《とも》に十数年間《すうねんかん》痼疾《こしつ》の喘息《ぜんそく》が根治《こんち》してしまった。そして或《あ》る寒中《かんちゅう》の寒い日、生長《せいちょう》の家本部《いえほんぶ》を訪《おとず》れて次のような感謝告白《かんしゃこくはく》の演説《えんぜつ》をしたのであった。

「私《わたくし》は田中民藏《たなかたみぞう》と申《もう》しまして、もう久《ひさ》しい以前《いぜん》から喘息《ぜんそく》を患《わずら》っておりまして、こんな寒い日などには外出《がいしゅつ》などとても思いも寄《よ》りませんでした。今迄《いままで》は寒い風に当《あた》るとたちまち喘息《ぜんそく》の発作《ほっさ》を起《おこ》すのでした。それが、こんなに寒《かん》中《ちゅう》のヒューヒュー吹く風にさらされても、少しも喘息《ぜんそく》が発作《ほっさ》しなかったのは聖典『生命《せいめい》の實相《じっそう》』とK氏《し》のお蔭《かげ》でありまして、深く感謝の意《い》を表《ひょう》するところであります。私《わたくし》は若い時《とき》に脚《あし》を傷《いた》めまして、自分《じぶん》が工夫《くふう》して義足《ぎそく》を作りそれを嵌《は》めているのであります。玄人《くろうと》の作った義足よりも、この自分の工夫した義足の方《ほう》が穿《は》き心地《ごこち》が好《よ》いのでそれを穿《は》いていますのですが、足が不自《ふじ》由《ゆう》なためにどうしても身体《からだ》に力《ちから》が不平均《ふへいきん》に働《はたら》いて脊柱《せきちゅう》に無理《むり》が出来《でき》る。そのためにこの喘息《ぜんそく》は一生涯《いっしょうがい》到底《とうてい》治《なお》らないと信じていたのです。これを治《なお》す

根治　完全に病気が治ること

玄人　専門家。本職

脊柱　脊椎動物の体の中軸をなす骨格。せぼね

ためには色々《いろいろ》苦心《くしん》しまして、この首のところにある気管支《きかんし》を拡《ひろ》げたり狭《せば》めたりする交感神経《こうかんしんけい》を切ると好《よ》いという医者《いしゃ》がありましたので、私《わたくし》はその医者にかかって先《ま》ず左側《ひだりがわ》の首にあるその神経《しんけい》を切りました。すると左側の眼《め》の形《かたち》が右側《みぎがわ》の眼《め》よりも収縮《しゅうしゅく》して小さくなりました。視力《しりょく》も左眼《さがん》は衰《おとろ》えまして、左側の体温《たいおん》は右側よりも冷《つめ》たくなりました。それでも、当《とう》の喘息《ぜんそく》は治《なお》らないのでした。ところが、Kさんに『生命《せいめい》の實相《じっそう》』を知らして頂《いただ》きまして、それを読んでいますうちに喘息《ぜんそく》は治《なお》りますし、左側の体温の低いのも大分《だいぶ》恢《かい》復《ふく》しますし、一時《いちじ》衰えた左側の視力も恢復《かいふく》して参《まい》りました。大変《たいへん》、有難《ありがた》いお蔭《かげ》を頂きましたので、私《わたくし》の喘息友達《ぜんそくともだち》でこの人《ひと》は左右とも首の交感神経を切ったのですが、それでも喘息《ぜんそく》が治《なお》らないで困《こま》っているのがありますので訪問《ほうもん》してあげますと、折柄喘息《おりからぜんそく》の発作《ほっさ》に苦しんでいる最中《さいちゅう》なのです。それで、まだ本当《ほんとう》に神想観《しんそうかん》の御指導《ごしどう》を受けたことはないのですが、聖典《せいてん》に基《もとづ》いて、神《しん》想観《そうかん》をして光明思念《こうみょうしねん》を送りますと、やがてその発作《ほっさ》が止まりまして大変喜《よろこ》

交感神経　副交感神経と共に高等脊椎動物の自律神経系を形成する神経。呼吸、循環、消化などの調節をつかさどる

恢復　もとどおりになること

んでいられました。

集《あつま》っていた誌友《しゆう》たち、この感話《かんわ》を聴《き》いて大変感激《たいへんかんげき》した。

内出血《ないしゅっけつ》の血腫《けっしゅ》瞬時《しゅんじ》に自消《じしょう》す

昭和《しょうわ》十年《ねん》四月《がつ》二十六日《にち》狂犬病予防《きょうけんびょうよぼう》の注射《ちゅうしゃ》を受けて半身不随《はんしんふずい》になり、服部《はっとり》氏《し》から真理《しんり》の話を聴《き》いて非常《ひじょう》に軽快《けいかい》した降屋国手《ふるやこくしゅ》が生長《せいちょう》の家本部《いえほんぶ》へ来て、その病気《びょうき》が又更《またさら》に軽快して来たことを告《つ》げた。最初《さいしょ》はじめて生長の家本部へ伴《つ》れられて来た時《とき》は、自覚的感覚《じかくてきかんかく》が胸骨《きょうこつ》の剣状突起《けんじょうとっき》のところまでしかなかったが、今《いま》では胃袋《いぶくろ》の辺《へん》まで自覚的感覚区域《じかくてきかんかくくいき》が拡大《かくだい》し、脚《あし》の皮膚《ひふ》にも何《なん》となく感覚《かんかく》が出来《でき》て来て、右脚《みぎあし》を手の助けを藉《か》りて折《お》り曲《ま》げれば曲がるようになって来ていた。発病以来《はつびょういらい》、ズッと脚《あし》を伸《の》ばしていたので、膝関節《しつかんせつ》のひかがみのところに贅肉《ぜいにく》が出来《でき》、それが邪魔《じゃま》になって無理《むり》にも膝関節《しつかんせつ》を曲げて坐《すわ》る

感話　教会での説教や僧侶の法話など。ここでは、感動的な話

頭注版㉞八〇頁

血腫　内出血のため体内の一ヵ所に多くの血液がたまってこぶのように腫れあがったもの

剣状突起　胸骨の下端に続く薄い扁平な突起

ひかがみ　膝の後ろのくぼんでいるところ

ことが出来《でき》なかったのが、今《いま》ではいつの間《ま》にかその贅肉《ぜいにく》が消えてしまい、膝《ひざ》を曲げてその上《うえ》に尻《しり》をつければつくようになっていた。こういう御自分《ごじぶん》の病気《びょうき》の経過《けいか》を発表《はっぴょう》せられたのち、降屋氏《ふるやし》の友人《ゆうじん》が経験《けいけん》したという神秘《しんぴ》な話を紹介《しょうかい》された。

友人というのは同じく医師《いし》で病理学《びょうりがく》専門《せんもん》の研究家《けんきゅうか》であって、降屋氏《ふるやし》の紹介で生長《せいちょう》の家誌友《いえしゆう》となったのであった。ある時高所《ときこうしょ》からこの病理学者が墜落《ついらく》して左側《ひだりがわ》の大腿部《だいたいぶ》の横《よこ》を激《はげ》しく打撲《だぼく》した。太股《ふともも》の外側《そとがわ》一面《めん》に夥《おびただ》しく皮下出血《ひかしゅっけつ》を起《おこ》して、その一部《ぶ》は血液《けつえき》が凝固《ぎょうこ》して血腫《けっしゅ》をなしていた。ところがこの友人が『生命《せいめい》の實相《じっそう》』を読み行《ゆ》き読み来《きた》っているうちに、三界《さんがい》は唯心《ゆいしん》の所現《しょげん》、肉体《にくたい》はわが心の影《かげ》と知って、「この内出血《ないしゅっけつ》も血腫《けっしゅ》も外部《がいぶ》から受けた傷《きず》でなく、自分《じぶん》の心の影であるんだな」と悟《さと》った。そしてその傷痕《きずあと》の大腿部《だいたいぶ》を覗《のぞ》いて見ると、先刻《さっき》まであった内出血の紫斑《はんてん》も血腫《けっしゅ》も急《きゅう》に消えてしまって痕型《あとかた》もなくなっていた。ここに本当《ほんとう》にわが肉体は、わが心の影であることが立《りっ》

病理学　病気の原因や成り立ちを研究する学問

皮下出血　打ち身などで皮下組織中に出血すること。表面に血液は出ず、暗色の斑状を示す

三界は唯心の所現　仏教語。一切衆生が輪廻する欲界・色界・無色界の三つの世界の全ての事象は心の現れであるということ

紫斑（しはん）内出血によって現れる紫色の斑点

証《しょう》されていたのであった。内出血《ないしゅっけつ》は徐々《じょじょ》には吸収《きゅうしゅう》されるものではあるが、こんなに瞬間的《しゅんかんてき》に消えてしまうことは医学上《いがくじょう》あり得《う》べからざる奇蹟《きせき》であった。しかしこんなことは友人《ゆうじん》の医学者《いがくしゃ》に話しても誰《たれ》も信じてくれそうにない奇蹟なので、他《た》の友人には話さないで、ただ降屋氏《ふるやし》だけに、氏《し》が生長《せいちょう》の家《いえ》家族《かぞく》であるというので打明《うちあ》け話《ばなし》をされたのであった。

「今《いま》その話をきいていますと、今迄《いままで》私《わたくし》は心に健康《けんこう》を思えば活力《かつりょく》が旺《さか》んになり、徐々に病気《びょうき》を征服《せいふく》すると思っていましたが、それとは異《ちが》いますね。本当《ほんとう》に一瞬《いっしゅん》にしてそれが消えてしまうのですねえ」と修行者《しゅぎょうしゃ》の一人《ひとり》は驚嘆《きょうたん》した。

「そうです、病気は無《な》いのですから、病気と闘《たたか》って徐々にこれを征服するのではありません。肉体《にくたい》は心の影《かげ》であり、実在《じつざい》ではありませんから、心の悟《さと》りで一瞬のあいだに一変《いっぺん》することもあり得《う》るのです」と谷口先生《たにぐちせんせい》は被仰《おっしゃ》った。

頭注版㉞八二頁

時計《とけい》の奇蹟《きせき》

その時《とき》、降屋《ふるや》毅一《きいち》氏《し》は、その友人《ゆうじん》の病理学者《びょうりがくしゃ》が体験《たいけん》した懐中時計《かいちゅうどけい》の奇蹟を話し出した。

その友人が生長《せいちょう》の家誌友《いえしゆう》になる前《まえ》のことであった。彼《かれ》は一個《こ》の懐中時計を有《も》っていたが、時計屋《とけいや》に修繕《しゅうぜん》せしめても、どうしても完全《かんぜん》に動かないで、もう廃物《はいぶつ》になったと思って机《つくえ》の抽斗《ひきだし》へ入れておいたのであった。それから後《のち》、彼は降屋氏《ふるやし》に勧《すす》められて生長の家誌友《しゆう》になったが、この新学年《しんがくねん》に上《じょう》級学校《きゅうがっこう》に入学《にゅうがく》した親類《しんるい》の子供《こども》に、「あの時計が動いたら入学記念《にゅうがくきねん》にやりたいのになア」と思って、急《きゅう》にその抽斗《ひきだし》を開《ひら》いて、時計を握《にぎ》って打揮《うちふ》ってみる気になった。と、不思議《ふしぎ》なことにはその時計が動き出したのであった。「そのうちに止《とま》るだろう」と思って見ていたが依然《いぜん》としてその時計はコチコチと

懐中時計　ふところやポケットに入れて携帯する小型の時計

廃物　役に立たなくなって不要になった物

動いているのだ。持主《もちぬし》が実相《じっそう》を悟《さと》ったために、その心の反映《はんえい》として時計《とけい》が動き出したのか、人《ひと》に差上《さしあ》げようとした愛の念波《ねんぱ》が時計を直《なお》したのか、ともかく時計屋《とけいや》が、修繕《しゅうぜん》しても直らない時計が持主《もちぬし》の心境《しんきょう》の変化《へんか》だけで直ってしまったのは興味《きょうみ》あることである。外傷《がいしょう》も、時計の故障《こしょう》も外部的《がいぶてき》故障《こしょう》だと思っていても、その実《じつ》は内部《ないぶ》の心の反映《はんえい》である。げに三界《がい》は唯心《ゆいしん》の所現《しょげん》であるのである。

七年前《ねんぜん》の打撲傷再現《だぼくしょうさいげん》

横浜《よこはま》の誌友飛田宣《しゆうとびたせん》さんは昭和《しょうわ》十年《ねん》四月《がつ》の生長《せいちょう》の家本部誌友会《いえほんぶしゆうかい》で起上《たちあが》って演説《えんぜつ》した。

「私《わたくし》は横浜の誌友高橋《しゆうたかはし》さんの御宅《おたく》に同居《どうきょ》している者《もの》でありますが、色々御《いろいろお》蔭《かげ》を受けまして有難《ありがと》う存《ぞん》じます。近頃私《ちかごろわたくし》の姉に大変結構《たいへんけっこう》な体験《たいけん》がございま

げに　いかにも。本当に

頭注版㉞八三頁

したので、皆様《みなさま》に簡単《かんたん》に御紹介申上《ごしょうかいもうしあ》げたいと存《ぞん》じます。私《わたくし》の姉は自分《じぶん》が救《すく》われたものでございますから、自分の知る限《かぎ》りの人《ひと》にこの道《みち》を伝えたいと存じまして、或《あ》る日《ひ》三日間《みっかかん》を費《ついや》して親戚《しんせき》の病人《びょうにん》のところへまいりました。そしてその病人に病気《びょうき》の本来存在《ほんらいそんざい》しないこと、薬《くすり》の効《き》かぬことなどを話していましたら、そこへその病人の息子《むすこ》が『わかもと』を買ってまいりまして、薬の効《き》かぬという話を私《わたくし》の姉が説《と》いていますのを聞いていまして、折角《せっかく》買って来た薬が無駄《むだ》になったとそこへ投げつけまして、『一体《いったい》あなたは人が今迄《いままで》この病人を出来《でき》る限《かぎ》りの方法手段《ほうほうしゅだん》を尽《つく》して世話《せわ》をして来たのに、そんな療《りょう》法《ほう》は皆駄目《みなだめ》だ、今妾《いまわたし》の持って来た『生長《せいちょう》の家《いえ》』誌《し》だけが最善《さいぜん》の救う道だなどというのは、一朝《いっちょう》の深切《しんせつ》で恩《おん》を売り、吾々《われわれ》の数年《すうねん》の努力《どりょく》をすべて覆《くつがえ》しに来たのだ』といって逆捻《さかね》じに私《わたくし》の姉に喰《く》ってかかったのでございます。すると私《わたくし》の姉は、その時《とき》は黙《だま》っていましたが、『そんな恩を売るなどの気持《きもち》で三日間《みっかかん》も費してここへ来たのではない、深切《しんせつ》を仇《あだ》に受取《うけと》るにも程《ほど》がある』と

わかもと　わかもと製薬株式会社より現在も発売されている家庭保健薬

逆捻じ　受けた非難に対して逆に非難し返すこと

思い、口惜《くや》しくて口惜《くや》しくて相手《あいて》が怨《うら》まれてなりませんでした。一夜《いちや》を口《く》惜《や》しい怨《うら》めしいで過《す》ごして朝眼《め》を覚《さ》ましますと、左手の甲《こう》が饅頭《まんじゅう》のように腫《は》れ上《あが》って、肉《にく》の中《なか》に内出血《ないしゅっけつ》を来《きた》している。それを見ましたとき私《わたくし》の姉は愕《がく》然《ぜん》として驚《おどろ》いたのであります。それは姉は七年前《ねんぜん》に左の手の甲《こう》に烈《はげ》しい打《だ》撲《ぼく》を受けて、内出血を来《きた》してそこが饅頭《まんじゅう》のように腫《は》れ上《あが》ったことがあるのです。今《いま》、姉は自分《じぶん》の手の甲《こう》の腫《は》れあがった形《かたち》を見たときに、その七年前《ねんぜん》の打撲傷《だぼくしょう》を思い出したのです。一夜口惜《いちやくや》しい怨《うら》めしいの念《ねん》を激《はげ》しく起《おこ》したために、こんなに七年前《ねんぜん》の打撲傷が再現《さいげん》して来る。ただ形が似《に》て腫《は》れて来るだけではなく、その内出血までもそのままに内部《ないぶ》の肉にマザマザと紫斑《しはん》を呈《てい》して来るのを見ましては、三界《がい》は唯心《ゆいしん》の所現《しょげん》、肉体《にくたい》は吾《わ》が心の影《かげ》という生長《せいちょう》の家《いえ》の説《と》く真理《しんり》がいよいよハッキリと心の中《なか》に感《かん》じられて、『相手《あいて》が悪くとも自分は決《けっ》して腹《はら》を立つべきではなかった。別《べつ》に相手だってそんなに悪気《わるぎ》があってあんなに妾《わたし》に喰《く》ってかかったわけではなかった。病人《びょうにん》を治《なお》してあげ

愕然　非常にびっくりするさま

たいと思って物質療法《ぶっしつりょうほう》を最善《さいぜん》と信じて尽《つく》していたからこそあんなに昂奮《こうふん》したのである。これは妾《わたし》が悪かった。もう決《けっ》して相手《あいて》を怨《うら》みますまい、憎《にく》みますまい。自分《じぶん》はすべての人々《ひとびと》を愛し、すべての人《ひと》と調和《ちょうわ》しているのだ』と念《ねん》じながら静かに右手で左手の腫《は》れたところを擦《さす》っておりますと、次第《しだい》にその腫《は》れが元《もと》の通《とお》りに治《なお》ってまいりました。姉はその家《いえ》から帰って参《まい》りまして、私《わたくし》にその腫《は》れの引いた左の手を突《つ》き出《だ》して示しました。『どうしたのです』といいますと、『よくその手の甲《こう》を見て下《くだ》さい』と申《もう》します。『どうしたのです？』とよくよく見ますと、手の甲《こう》の皮膚《ひふ》の下《した》の紫色《むらさきいろ》の斑点《はんてん》が透《す》いて見えるのです。姉は『あなたはこれを覚えていますか？』と申します。私《わたくし》はその皮膚の下の紫色の斑点を見ていますと、七年前《ねんぜん》に激《はげ》しく姉が手の甲を打撲《だぼく》した時《とき》のことをようよう思い出しました。『これは七年前《ねんぜん》のあの傷《きず》ではありませんか。それが……』と、私《わたくし》は訝《いぶか》るようにいいますと、『そうです。その七年前《ねんぜん》の古傷《ふるきず》が、妾《わたし》が一晩《ひとばん》ひとを恨《うら》む心を起《おこ》したために、その内出血《ないしゅっけつ》まで

訝る　不審に思う

も再現《さいげん》したのです』と姉は申《もう》しまして、先刻《さっき》私《わたくし》が申しましたような事情《じじょう》を打明《うちあ》けたのでした。これは大変《たいへん》御参考《ごさんこう》になる話だと思いましたから、ちょっと御紹介申上《ごしょうかいもうしあ》げました。」

声《こえ》が低かったので全部《ぜんぶ》の人《ひと》には聞《きこ》えなかったようであったが、側《そば》にいてこの話を聴《き》いた人は感《かん》に耐《た》えぬほど動かされたようであった。

谷口先生《たにぐちせんせい》は被仰《おっしゃ》った。「心の作用《さよう》で内出血《ないしゅっけつ》を起《おこ》すということがわかれば、心の作用で脳溢血《のういっけつ》を起《おこ》したり、喀血《かっけつ》を起《おこ》したり、異常月経《いじょうげっけい》を起《おこ》したりすることがあるのは当然《とうぜん》です。一度病気《どびょうき》に罹《かか》ったり、傷《きず》を受けたりした部分《ぶぶん》は、その人の肉体《にくたい》の最弱点《さいじゃくてん》になっていて、心に激動《げきどう》があったら、その激動を形《かたち》にあらわそうとする噴出口《ふんしゅつこう》になっているのです。地熱《じねつ》が鬱血《うっけつ》して来ましたら、かつて地震《じしん》があったところとか、かつての温泉《おんせん》の噴出口《ふんしゅつこう》とかが、その地熱《じねつ》が形にあらわれたる地殻《ちかく》の最弱点となってそこに地震が起《おこ》りやすく、温泉が噴出《ふんしゅつ》しやすいようなものです。外科的手術《げかてきしゅじゅつ》などを受けた人が、

脳溢血　脳の血管が破れ、脳内に血液が溢れ出る疾患
喀血　肺や気管支が出血し、その血を咳とともに吐くこと
噴出口　蒸気や火気などが勢いよく噴き出す部分
地熱　地球内部で発している熱
鬱血　とどこおってふさがること。鬱結
地殻　地球の最も表面を構成する岩石の層

心の平和《へいわ》を失うと、再手術《さいしゅじゅつ》を必要《ひつよう》とするようになることが度々《たびたび》あるようなものです。心で出血《しゅっけつ》し、心で出血は止まるのです。」

この谷口先生《たにぐちせんせい》のお話を聴《き》いたとき筆者《ひっしゃ》は、心で病気《びょうき》を把《つか》まなくなったら子《し》宮癌《きゅうがん》の治《なお》った老媼《ろうおう》の話を思出《おもいだ》した。

卵巣膿腫《らんそうのうしゅ》消ゆ

子宮癌《しきゅうがん》ばかりではない。或《あ》る日《ひ》、谷口先生《たにぐちせんせい》のこの説話《せつわ》を証明《しょうめい》する事実《じじつ》が生長《せいちょう》の家本部《いえほんぶ》で出たことがある。これはこの説話よりも二、三ヵ月《げつ》も前《まえ》のことであるが、ちょうど今思出《いまおもいだ》したし、今迄《いままで》書きとめたことがなかったから書いておこう。

話し出した婦人《ふじん》は三十五、六歳《さい》の婦人であった。その婦人は青木《あおき》さんといった。卵巣膿腫《らんそうのうしゅ》で帝王切開《ていおうせっかい》を行《おこな》いその膿腫《のうしゅ》を切除《せつじょ》した。切除した後《のち》はしばら

老媼　年老いた婦人

頭注版㉞八六頁

卵巣膿腫　卵巣にみられる腫瘍。多くは良性

帝王切開　普通は妊婦の腹壁と子宮壁を切開して胎児を取り出す手術を指す。ここでは膿腫を切除するための開腹手術を指すと思われる

く快癒《かいゆ》したように見えたが、しばらくのちに腹部《ふくぶ》に異常《いじょう》な痛《いた》みを覚え、またしても異常なオリ物《もの》を見るようになった。医者《いしゃ》に診《み》せると、膿腫《のうしゅ》の一部《ぶ》が残っていて、それが再《ふたた》びひろがろうとしているのであるから、再手術《さいしゅじゅつ》を要《よう》するとのことであった。青木《あおき》さんは再手術はしたくなかった。その時《とき》青木さんは「生長《せいちょう》の家《いえ》」を知らされ、『生命《せいめい》の實相《じっそう》』を読んだのだった。読《よ》み行《ゆ》くうちに、聖典《せいてん》の中《なか》の言葉の力《ちから》によって、青木さんの心は感化《かんか》され、心は和《やわ》らいで、その角立《かどだ》ちはとれ、周囲《しゅうい》のすべての人々《ひとびと》と調和《ちょうわ》するようになった。青木さんのオリ物《もの》はすっかり止まり、腹部の異常感《いじょうかん》は去った。

手術《しゅじゅつ》した患部《かんぶ》が、心の作用《さよう》で再発《さいはつ》するのは、七年前《ねんぜん》の手の甲《こう》の打撲傷《だぼくしょう》が、その内出血《ないしゅっけつ》さえもそのままの形《かたち》で再現《さいげん》した曩《さき》の実例《じつれい》を知れば容易《ようい》に類推《るいすい》することが出来《でき》るであろう。心の作用は内出血さえ起《おこ》すのであるから切開《せっかい》した患者《かんじゃ》に膿腫《のうしゅ》を再発させても不思議《ふしぎ》はないであろう。そして、その膿腫《のうしゅ》が心の作用で影《かげ》を消してしまっても不思議はないであろう。

快癒　すっかりなおってしまうこと

感化　影響を与えて考え方や行動を変化させること

角立ち　とげとげしいさま

曩の　前の。昔の

類推　似た点に基づいて、他のことを推し測ること

胃部《いぶ》の塊《かたまり》消ゆ

京都《きょうと》に住んでいる彫刻家《ちょうこくか》石本暁曠《いしもとぎょうこう》さんは胃部《いぶ》に塊《かたまり》があるので、二、三の医者《いしゃ》に診《み》てもらったら胃癌《いがん》の疑《うたが》いがあり、切開施術《せっかいしじゅつ》を要《よう》すると診断《しんだん》された。食事《しょくじ》が進まず、恐怖心《きょうふしん》で益々身体《ますますからだ》が衰弱《すいじゃく》するばかりであった。友人《ゆうじん》の或《あ》る画家《がか》から生長《せいちょう》の家《いえ》の話を聞き京都支部《きょうとしぶ》へ行《い》って話を聴《き》いて感銘《かんめい》し、谷口先《たにぐちせん》生《せい》に遠隔思念《えんかくしねん》を依頼《いらい》する手紙《てがみ》を書いた。谷口先生は滅多《めった》に近頃返事《ちかごろへんじ》を書く暇《ひま》がないので、治療依頼《ちりょういらい》の手紙は手紙の分類係《ぶんるいがかり》の方《ほう》で分類《ぶんるい》されて、谷口先生の机上《きじょう》には来《こ》ず、誌上《しじょう》に載《の》せられるような公《おおやけ》な歓《よろこ》びの手紙のみが谷口先生の机《つくえ》の上《うえ》に来るのであった。それで谷口先生は読み切れないで、全部《ぜんぶ》を読まれないで次の日になってしまうこともあった。ところが石本《いしもと》さんの手紙は、丁寧《ていねい》に綺麗《きれい》に書いてあったからかも知れない、谷口先生の机の上に廻《まわ》され

頭注版㉞八七頁

石本暁曠さん　明治二十一～昭和十年。彫刻家。別号は石本暁海。本名は石本恒介。作品に中江藤樹像などがある

施術　手術のこと

京都支部　生長の家の草創期に石川芳次郎が設立した支部。京都支部では「生長の家の歌」の詩の一つ「甘露の法雨」を初めて「聖経」として出版した

遠隔思念　遠く離れた所から癒やしの念を送って病人の心に作用させ、病気を治すこと

た。谷口先生《たにぐちせんせい》はそれをお読みになって、その上へ赤インキで、「返事《へんじ》」とお書きになった。こういう場合《ばあい》はやがて先生《せんせい》は御返事《ごへんじ》をお書きになろうという心が動いたのであった。ところが先生は関西旅行《かんさいりょこう》で忙《いそが》しくて到頭《とうとう》その返事をお書きにならなかった。石本《いしもと》さんは服部《はっとり》さんに手紙《てがみ》を書いて遠隔思念《えんかくしねん》をお願いした。服部《はっとり》さんからは、胃癌本来《いがんほんらい》なし、それは心の思いの凝塊《こりかたまり》であるから、念《ねん》が消えれば消えるというような返事がとどいた。その手紙がとどいた時《とき》、石本《いしもと》さんは胸《むね》の塊《かたまり》がとれる思いであった。

谷口先生は、京都《きょうと》の二《ふた》つの小学校《しょうがっこう》と、京都《きょうと》支部《しぶ》の小木博士邸《こぎはくしてい》とで御講話《ごこうわ》になった。小木博士邸《こぎはくしてい》で憔悴《しょうすい》した胡麻塩《ごましお》の髭《ひげ》を生《は》やした和服《わふく》の紳士《しんし》が谷口先生に、何《なに》か話したいらしい様子《ようす》であった。それで、谷口先生は「あなた何《なに》か御相談《ごそうだん》がおありのようですが、遠慮《えんりょ》なく被仰《おっしゃ》い」と被仰《おっしゃ》った。

「私《わたくし》は石本《いしもと》でございます」とその紳士はいった。「胃癌《いがん》でお手紙を差上《さしあ》げたのでございますが、『生命《せいめい》の實相《じっそう》』を読まして頂《いただ》きまして、大分《だいぶ》心が楽《らく》に

小木博士　小木虎次郎。慶応二～昭和十五年。工学博士。京都帝国大学理工科教授。関西や中部地方の電気事業にも携わる。昭和八年に月刊誌『生長の家』に発表された著者の自由詩「甘露の法雨」を折本型で製本し、今日の「聖経」の雛形となった

憔悴　疲労や心労でやつれること。病気などでやせ衰えること

なったようでございますが、まだ胃部《いぶ》に心が引っかかるのでございます。」

「どんな模様《もよう》です？」と谷口先生《たにぐちせんせい》は、石本《いしもと》さんから手紙《てがみ》を頂《いただ》いて返事《へんじ》を書こうと思いながら書く暇《ひま》のなかったことを思い出しながら問《と》われた。

「胃《い》の一部《ぶ》に塊《かたまり》があるようで、圧《おさ》えてみるとそれが感《かん》じられるのです。そして食《た》べ物《もの》をたべると痛《いた》んだり吐《は》き気《け》がするのです。」

「食前《しょくぜん》ですか、食後《しょくご》ですか？」

「食前とか食後とか定《きま》ったことはない。柔《やわら》かいものばかり食べていますが、始終《しじゅう》痛んでいるのです。」

「それは胃癌《いがん》ではありません。発病前《はつびょうぜん》に何《なに》か心の悩《なや》みがあったでしょう。その悩みが具象化《ぐしょうか》したのです。もう大丈夫《だいじょうぶ》ですよ。柔《やわら》かい食物《しょくもつ》は却《かえ》って物《ぶつ》理的刺戟《りてきしげき》がないために胃部《いぶ》に停滞《ていたい》して異常醱酵《いじょうはっこう》を起《おこ》して胃《い》を化学的《かがくてき》に刺戟《しげき》してそれを痛ましめるのです。毎日《まいにち》お粥《かゆ》を食べさせられたら達者《たっしゃ》なものでも飽《あ》き飽《あ》きして胃《い》が悪くなります。何《なん》でも好《よ》いから好《す》きな物《もの》を、神様《かみさま》からの授《さず》かり物《もの》であると思って、食前《しょくぜん》にそれを拝《おが》んで食物《しょくもつ》と自分《じぶん》の胃袋《いぶくろ》とは互《たがい》に調《ちょう》和《わ》していると念《ねん》じて食べるようになさい。胃癌《いがん》は陰気《いんき》が胃《い》にこもったものであるから、出来《でき》るだけ陽気《ようき》に笑うようになさい」と被仰《おっしゃ》った。

それから半月程《はんつきほど》して、生長《せいちょう》の家東京本部《いえとうきょうほんぶ》で修行者《しゅぎょうしゃ》の後方《こうほう》から、一人《ひとり》の婦人《ふじん》が進み出て「明日《みょうにち》は京都《きょうと》へ帰ろうと存《ぞん》じます。色々有難《いろいろありがと》うございました」と谷口先生《たにぐちせんせい》にお礼《れい》を申上《もうしあ》げた。

「あなたはどなたですか?」と谷口先生は被仰《おっしゃ》った。

「京都の石本《いしもと》です。石本暁曠《いしもとぎょうこう》の家内《かない》です」とその婦人は答えた。

「ああ彫刻家《ちょうこくか》の石本《いしもと》さんですか。胃癌《いがん》はどうなりました?」と谷口先生は石本《いしもと》さんの胃癌《いがん》のことを思出《おもいだ》された。

「本当《ほんとう》に恥《はず》かしくて、何《なん》でもないものを大袈裟《おおげさ》に騒《さわ》ぎたてまして、馬鹿《ばか》らしいやら恥《はず》かしいやら穴《あな》へでも這入《はい》りたい位《くらい》です。あれ以来《いらい》、苦しんでいた胃《い》は何《なん》ともなくなりましてございます」と石本夫人《いしもとふじん》は如何《いか》にも誤診《ごしん》を大袈裟《おおげさ》に

生長の家東京本部 昭和九年八月に著者が東京に移転した直後は渋谷区隠田の「お山」と呼ばれた著者の自宅が本部を兼ねた。昭和十年十一月に山脇高等女学校の旧校舎に移転した。石本夫妻が著者と接した時期は「お山」の本部時代にあたる

取扱《とりあつか》ったようにいった。

それは果《はた》して医者《いしゃ》の誤診《ごしん》であったのだろうか。それとも心の変化《へんか》が胃癌《いがん》を解消《かいしょう》してしまったのだろうか。それは神様《かみさま》のみが御存知《ごぞんじ》のことである。しかし後《のち》に石本《いしもと》さんはお亡《な》くなりになった。

小児《しょうに》の夜尿《やにょう》癒《い》ゆ

昭和《しょうわ》十年《ねん》四月谷口先生《がつたにぐちせんせい》が関西《かんさい》へ講演旅行《こうえんりょこう》をせられた時《とき》、その世話役《せわやく》をしていた人達《ひとたち》が大阪平和楼《おおさかへいわろう》で先生《せんせい》と会食《かいしょく》した。その時生長《せいちょう》の家神戸支部《いえこうべしぶ》の山下乃二子夫人《やましたのぶこふじん》はこんな話をした。――

或《あ》る日《ひ》、近所《きんじょ》の眞島《まじま》さんの奥様《おくさま》が、小学校《しょうがっこう》の初年級《しょねんきゅう》位《くらい》の男の児《こ》を伴《つ》れて来た。そして、「生長の家では病気《びょうき》が治《なお》るそうでありますが、宅《たく》の子供《こども》は寝小便《ねしょうべん》をする悪い癖《くせ》がありまして、色々《いろいろ》医療《いりょう》や鍼灸《しんきゅう》に手を尽《つ》しましたがな

頭注版㉞九一頁

夜尿　寝小便

山下乃二子夫人　生長の家草創期の信徒の一人。東山半之助著『ざっくばらん』によれば神想観の最後に歌う「光明思念の歌（大調和の歌）」を著者から最初に聴いた信徒とされる

鍼灸　身体にあるツボにはりやきゅうで刺激を与え、免疫力や自然治癒力を高める療法

かなか頑固《がんこ》で治《なお》りません。生長《せいちょう》の家《いえ》ではそれは治《なお》りましょうか？」と尋《たず》ねた。

「そんなもの位《くらい》、すぐにでも治《なお》りますとも！」と陽気《ようき》な気性《きしょう》で思う存分《ぞんぶん》いいたいことのいえる性分《しょうぶん》の山下夫人《やましたふじん》はザックバランな調子《ちょうし》でいった。子供《こども》を見ると青褪《あおざ》めた憔悴《しょうすい》した顔《かお》をして、口にマスクを嵌《は》めているので、親達《おやたち》がどんなにこの児《こ》の健康《けんこう》に意《い》を用《もち》いているかが察《さっ》せられるのであった。

「だいたいあなたがいけないんですよ、これ何《なん》です？　子供にこんなマスクなんか嵌《は》めさせて。まるで病人《びょうにん》みたいじゃありませんか。あなたがこの子を弱い児《こ》だ弱い児《こ》だと思って、そう思う親《おや》の念《ねん》で、本来《ほんらい》強いこの子供を弱くしていたのですよ。こんなマスクなんか除《と》ってしまいなさいよ。」

こういうかと思うと、山下夫人の手は伸《の》びて、子供の口辺《こうへん》を蔽《おお》うていたマスクを遠慮《えんりょ》なくむしり取ってしまった。

「サア、これであなたはもう達者《たっしゃ》になったんですよ。もうあなたは弱い児《こ》じ

気性　生まれつきの性質。気立て

意を用いる　気を配る。注意を払う

ゃないんですよ。マスクをとって気分《きぶん》がサッパリしてしまったでしょう。」

山下夫人《やましたふじん》は、明るい語調《ごちょう》で、さもそれに違《ちが》いないというような調子《ちょうし》でいった。これが言葉の力《ちから》というものだ。

「僕《ぼく》はこんなマスクなんか大嫌《だいきら》いなんだけれども、お母さんが掛《か》けなきゃいかんというから、仕方《しかた》なしに掛けていたんだ」と小児《しょうに》は如何《いか》にも正直《しょうじき》で、初《はじ》めて自由《じゆう》の世界《せかい》へ出られたかのようにニコニコしているのだった。

「小母《おば》さん、これで僕の寝小便《ねしょうべん》も治《なお》るかい？」

「治《なお》るとも、治《なお》るとも。あなたは何《なに》も寝小便という病気《びょうき》ではないんだ。あなたはいつでも小便《しょうべん》は出やしないか、小便は出やしないかと、小便のことばかり気にかけていたでしょう。」

「僕、小便が出るとお母さんに叱《しか》られるものだから、いつでも小便は出やしないかと、小便のことばかり考えているんだよ。」

「そうでしょう。あなたはいつも小便のことばかり考えているものだから、

さも　いかにも

小便《しょうべん》が出たんだよ。小便は便所《べんじょ》でばかり考えれば好《よ》いんだよ。勉強《べんきょう》する時《とき》は勉強のことばかり考え、運動《うんどう》する時には運動のことばかり考え、寝床《ねどこ》へ入《はい》ったら眠《ねむ》ることばかりを考え、そして便所へ這入《はい》った時のほか小便のことを考えないようにして御覧《ごらん》。そしたら寝小便《ねしょうべん》は出なくなってしまうんだよ。」

「小母《おば》さん、本当《ほんとう》か、そうしたら寝小便は出なくなるか？」

「本当とも、本当とも。小便のことを考えさえしなければ、寝小便は出なくなるんだよ。」

その晩《ばん》からその子供《こども》の寝小便は出なくなった。小児《しょうに》は快活《かいかつ》になり、元気《げんき》になり、性格《せいかく》まで一変《いっぺん》してしまったように見えた。

眞島《まじま》さんは生長《せいちょう》の家《いえ》の真理《しんり》の力《ちから》に感心《かんしん》して『生命《せいめい》の實相《じっそう》』全集《ぜんしゅう》十揃《そろ》いを前金《まえきん》で註文《ちゅうもん》して十人《にん》の知人《ちじん》にその発行毎《はっこうごと》に送本《そうほん》してくれるように頼《たの》んだのであった。

発行毎に送本　本書執筆当時、黒布表紙版『生命の實相』全集が一巻ずつ順次発行されている最中であった。完結前の各巻の奥付には「全集予約」と記載されたものもあった

貸家類焼《かしやるいしょう》して真理《しんり》を知る

或《あ》る日《ひ》、その眞島《まじま》さんの貸家《かしや》が左右の両端《りょうたん》一軒《けん》ずつを残して十軒ばかり焼けた。生長《せいちょう》の家誌友《いえしゆう》がその経営《けいえい》に関係《かんけい》ある三宮大丸百貨店前《さんのみやだいまるひゃっかてんまえ》の明治製菓《めいじせいか》のキャンデー・ストアーなどは、奇蹟《きせき》とも奇蹟、火がストアーの本当《ほんとう》に側近《そっきん》まで焼《や》き尽《つく》してしまったのに、その屋根《やね》などは、建物《たてもの》の区画《くかく》のところで罫《けい》を引いたように一直線《ちょくせん》に火が止まってしまって、これは何《なに》か信心《しんじん》をしている家《いえ》に違《ちが》いないといって、多勢《おおぜい》の見物《けんぶつ》が出た位《くらい》だのに、何故眞島《なぜまじま》さんの家《いえ》は焼けたのであろう。

眞島主人《まじましゅじん》は山下乃ニ子《やましたのぶこ》さんのところへ憤慨《ふんがい》して駈《か》け込《こ》んで来た。そしていった。「生長《せいちょう》の家《いえ》もヘチマもあるもんか。生長の家の誌友《しゆう》になったら災難《さいなん》はすべて逃《のが》れると聞いていたのに、俺《おれ》の家《いえ》はとうとう焼けてしまったじゃない

頭注版㉞九三頁

類焼　よそで起こった火事が燃え移ること

罫　一定の間隔で引かれた線

ヘチマ「…もヘチマも」の形で下に打ち消しの語を伴って、語の意を強調していう語

か。」

山下乃二子夫人《やましたのぶこふじん》は平然《へいぜん》としていた。「三界《がい》は唯心《ゆいしん》の所現《しょげん》といいますから、それはきっとあなたの心の影《かげ》でしょう。きっとあなたは、あの人《ひと》は家賃《やちん》をくれないから出てくれたら好《よ》い、あの人は修繕《しゅうぜん》せよとか何《なん》とか、あまり煩《うるさ》いから出てくれたら好いなどと考えて、人を入れてやろうという気よりも人を出したい、出したいというような心を持っていられたでしょう。だから、神《かみ》様《さま》が借家人《しゃくやにん》を出したいあなたの心をかなえて焼いてしまわれたのでしょう。借家《しゃくや》は人を入れるもの、人を入れたくなくなったら神様が焼いてしまわれるのは当然《とうぜん》ですよ。」

眞島主人《まじましゅじん》は、そういわれれば一言《いちごん》もないのであった。その焼けた貸家《かしや》に住んでいた人には家賃を滞納《たいのう》していた人も多かったし、「あんな借家人は出てくれれば好《よ》いのになア」と考えたこともあったのであった。

それから後《のち》にこんなことが判《わか》った——

眞島《まじま》さんの持家《もちいえ》の焼けた部分《ぶぶん》は神戸市《こうべし》の都市計画上《としけいかくじょう》、そこが大道路《だいどうろ》になるというので来年《らいねん》は立退《たちの》きを命《めい》ぜられる部分になっていた。その大道路にかからない左右《さゆう》の両端《りょうたん》の家《いえ》だけが焼けずに残っていたのであった。

神戸市の財政《ざいせい》は毎年赤字《まいねんあかじ》を出しているので、来年《らいねん》都市計画の為《ため》にその持家《もちいえ》の立退《たちの》きを命《めい》ぜられても、神戸市から多額《たがく》の立退料《たちのきりょう》を支払《しはら》ってくれそうにも思われなかった。それどころか、そこに借りている借家人《しゃくやにん》は貧《まず》しい人達《ひとたち》が多いので、家主自身《やぬしじしん》は、おそらく借家人の生活《せいかつ》の前途《ぜんと》を保証《ほしょう》するだけには立《たち》退料《のきりょう》を借家人に支払ってやらなければならないのであった。ところが家《いえ》が焼けたのでその立退料《たちのきりょう》を店子《たなこ》に支払う必要《ひつよう》なしに店子《たなこ》は立退《たちの》いてしまったのであった。眞島《まじま》さんの家《いえ》は焼けたが、あとで考えてみると、焼けたために色々《いろいろ》の点《てん》で却《かえ》って利益《りえき》を蒙《こうむ》っていたのである。保険金《ほけんきん》の入《はい》ったことも勿論《もちろん》である。眞島《まじま》さんはやっぱり生長《せいちょう》の家《いえ》の神様《かみさま》は有難《ありがた》いといっていられる。お蔭《かげ》はとりようで色々あるものだ。

店子 借家に住む者

他《ひと》の為《ため》に生くる歓《よろこ》び

山下乃二子夫人《やましたのぶこふじん》はまた、医学博士《いがくはくし》が二人《ふたり》も立会《たちあ》って、もう駄目《だめ》だと宣告《せんこく》された重症《じゅうしょう》の肺炎《はいえん》を治《なお》した話をされた。それは山下夫人自身《やましたふじんじしん》が治《なお》したのではないが、或《あ》る日神戸支部《ひこうべしぶ》へ訪《たず》ねて来た婦人《ふじん》があった。その婦人の良人《おっと》が重症の肺炎で、目下医者《もっかいしゃ》が手を放してしまった、何《なん》とか救《たす》かる道《みち》はないかという相談《そうだん》であった。その婦人は「神想観《しんそうかん》は谷口先生《たにぐちせんせい》が神戸《こうべ》へ来られたとき実修《じっしゅう》させて頂《いただ》きましたので、自分《じぶん》でやる方式《ほうしき》は知っていますが人《ひと》に及《およ》ぼす方式はどうしたら好《よ》いのでしょうか？」とたずねるのであった。山下夫人はその方《ほう》法《ほう》を説明《せつめい》してあげた。一週間《しゅうかん》ばかりすると、例《れい》の婦人が生長《せいちょう》の家神戸支部の山下夫人を再《ふたた》び訪《おとず》れて礼《れい》を述《の》べた。そしていった。

「五回《かい》、神想観《しんそうかん》を致《いた》しましたら、その五回目《かいめ》の時《とき》、急《きゅう》に熱《ねつ》が引きまして、手

頭注版㉞九五頁

を触《ふ》れていましても、その熱《ねつ》の引《ひ》き方《かた》のわかる程《ほど》に、急《きゅう》に変《かわ》って熱が引きまして、それ切り治《なお》ってしまいました。医者《いしゃ》も、この病人《びょうにん》が救《たす》かるとは実《じつ》に不思議《ふしぎ》だ、まるで奇蹟《きせき》だといっておりました。有難《ありがと》うございます。」

山下夫人《やましたふじん》は自分《じぶん》がその病人を救《すく》ってあげたように嬉《うれ》しかった。人《ひと》を救うことは世《よ》の中《なか》で一等《とう》嬉しいことであると山下夫人は思った。

神想観《しんそうかん》して答案《とうあん》を解《と》く

山下《やました》さんの坊《ぼっ》ちゃん陽之助《ようのすけ》君《くん》は当時《とうじ》中学《ちゅうがく》二年生《ねんせい》であったが信仰深《しんこうぶか》い坊ちゃんだった。二学期《がっき》の試験《しけん》の時《とき》にも、地理《ちり》のどうしても憶《おも》い出《だ》せない問題《もんだい》を教室《きょうしつ》で神想観《しんそうかん》をして思い出されたという事《こと》である。その年の三学期の国語《こくご》の試験に「秋の七草《ななくさ》」という題《だい》が出た。七草の五種類《しゅるい》までは書けたが二種《しゅ》は思出《おもいだ》せなかった。時計《とけい》を見ると、あともう五分《ふん》しかない。周囲《しゅうい》を見廻《みまわ》すと

頭注版㉞九六頁

秋の七草　秋の野に咲く七種の草花。内訳には諸説がある。萩（はぎ）、尾花（おばな）、葛（くず）、撫子（なでしこ）、女郎花（おみなえし）、藤袴（ふじばかま）、桔梗（ききょう）説が有力であるが次頁の「われもこう」を入れる説もある

友人《ゆうじん》たちはほとんど全部答案《ぜんぶとうあん》を出してしまって五人《にん》ばかり残っている。もうあと二種《しゅ》の草の名《な》を思出《おもいだ》そうとしたけれども、どうしても思出《おもいだ》せぬのである。陽之助君《ようのすけくん》は、母から常《つね》に最後《さいご》の一分間《ぷんかん》まで利用《りよう》せよという教《おし》えを受けていることを思い出した。最後の五分間《ふんかん》。自分《じぶん》の力《ちから》の足りない時《とき》は神に頼《たよ》るほかはない。陽之助君は机《つくえ》の上《うえ》に俯《うつぶ》して額《ひたい》のところで合掌《がっしょう》して、神想観《しんそうかん》の招神歌《かみよびうた》を心の中《なか》で唱《とな》え出《だ》した。と心に「藤袴《ふじばかま》」と思い出した。さあ七草中《ななくさちゅう》の一種類《しゅるい》を思い出したぞ。答案《とうあん》にそれを書き足して時計《とけい》を見るとアト二分間である。友人はもう二人《ふたり》だけ残っている。もう一度神想観《どしんそうかん》をしてやれ。陽之助君は又《また》机の上《うえ》に突伏《つっぷ》して合掌して招神歌《かみよびうた》を心の中《なか》で唱えた。と、「われもこう」と、もう一《ひと》つ秋の七草《ななくさ》の名前《なまえ》を思い出した。それを答案に書きつけると、先生《せんせい》が自分《じぶん》の側《そば》に立っている。友人はもう誰《たれ》もいない。先生に答案を手《て》渡《わた》すと、先生はそれを見て、

「大分《だいぶ》考えていましたが、到頭《とうとう》思い出しましたねえ」といって優《やさ》しくお笑い

招神歌　神想観を始める時にとなえる和歌四首のこと。本全集第十四巻「観行篇神想観実修本義」上巻参照

藤袴　秋の七草の一つ。キク科の多年草。秋に淡紅紫色の筒状の花を数多く付ける

われもこう　吾亦紅。バラ科の多年草。細い茎の先端に紅い穂を付ける

になった。

陽之助君《ようのすけくん》が教室《きょうしつ》の外《そと》に出たとき、友達《ともだち》の学生《がくせい》が、「君《きみ》、時間中《じかんちゅう》に、これ一体何《いったいなに》をしていたんだい？」と合掌《がっしょう》する恰好《かっこう》をして見せた。

「何《なに》って？　あんまり問題《もんだい》が解《わか》んないもんだから、神様《かみさま》に祈《いの》っていたんだ。」

「そうか、君らしいことをするねえ。」友達は冷《ひや》かしもしないでむしろ真面目《まじめ》であった。

神想観《しんそうかん》して人《ひと》の住所《じゅうしょ》を知る

落合《おちあい》の木村正子《きむらまさこ》さんが、或《あ》る日生長《ひせいちょう》の家本部《いえほんぶ》でこんな話をした。「先日《せんじつ》私《わたくし》はある人の宅《たく》を訪問《ほうもん》しようと思いまして、その番地《ばんち》の小路《こうじ》へ入《はい》ってその

頭注版㉞九八頁

落合　現在の東京都新宿区の北西部の地名

人《ひと》の氏名《しめい》のある標札《ひょうさつ》を探《さが》して歩きました。ところが、どう探してもその名《な》前《まえ》の標札が見附《みつ》からない。それ以上《いじょう》探して歩けば別《べつ》の丁目《ちょうめ》へ出てしまうのでございます。仕方《しかた》がないので今《いま》こそ神様《かみさま》の智慧《ちえ》に頼《たよ》るべき時《とき》だと思いました。それで顔《かお》の前《まえ》で合掌《がっしょう》は致《いた》しませんが、眼《め》を瞑《つぶ》って招神歌《かみよびうた》を口の中《なか》でとなえ、神想観《しんそうかん》の心持《こころもち》でボツボツ歩き出しました。小路《こうじ》のことでありますので、自動車《じどうしゃ》も通《とお》りませんから眼《め》を瞑《つぶ》ったまま歩けたわけでございます。しばらくして眼《め》を開《ひら》きたくなって眼《め》を開いて覚《おぼ》えず上《うえ》を見ますと、そこに私《わたくし》の探していた名前の標札がかかっているのでございます。しかもその辺《あた》りは、今迄一所懸命《いままでいっしょけんめい》に標札を探し歩いた地域《ちいき》でございました。」

実相《じっそう》の中《なか》には失《うしな》い物《もの》無《な》し

頭注版㉞九八頁

画家《がか》で写真師《しゃしんし》としても玄人《くろうと》である高橋正《たかはしただし》さんは昭和《しょうわ》九年《ねん》の秋大岡山《おおおかやま》の櫛《くし》

引氏邸《ひきしてい》で、生長《せいちょう》の家誌友会《いえしゆうかい》のあった時《とき》こんな話をした。「先日《せんじつ》、肖像画《しょうぞうが》を頼《たの》まれまして、その原版《げんぱん》として小さな写真《しゃしん》を人《ひと》からあずかりました。或《あ》る日《ひ》、その依頼者《いらいしゃ》から急《きゅう》に電話《でんわ》が掛《かか》りまして、その原版《げんぱん》の小さな写真を返してくれといわれました。さあ、その小写真《しょうしゃしん》をどこに蔵《しま》っておいたか、所々《しょしょ》方々探《ほうぼうさが》し廻《まわ》ってみましたけれども、わからないのです。私《わたくし》はその時、神想《しんそう》観《かん》で紛失物《ふんしつぶつ》を探し出した生長の家誌友《しゆう》の人達《ひとたち》の話を思出《おもいだ》しました。それで静かに坐《ざ》して神想観《しんそうかん》をしました。神想観《しんそうかん》が終《おわ》ってから私《わたくし》は前方《ぜんぽう》にある押入《おしいれ》の襖《ふすま》を開《ひら》いてみたくなりました。襖《ふすま》を開くと写真に使う小さな留針《とめばり》を入れる小《こ》箱《ばこ》が眼《め》につきました。まさか、普通《ふつう》ならばこんな留針入《とめばりい》れの小箱に写真が入れてあるとは思わないはずですが、その時《とき》は、その小箱を開《ひら》いてみたくなりました。そして開くと、その小箱の中《なか》にはちょうど探《さが》していた写真が入《はい》っておりました。それで、実相《じっそう》の中《うち》には決《けっ》して失《うしな》いものがないということが判《わか》りました。」

肖像画　特定の個人の顔や姿を写した絵画

原版　複製、翻刻、写真印刷などを作成するとき元になる版

所々方々　あちらこちら

留針　物が動かないように仮に刺しとめておく針。ピン

休学中《きゅうがくちゅう》『生命《せいめい》の實相《じっそう》』を読む

昭和《しょうわ》十年《ねん》四月《がつ》二十四日の晩《ばん》、昭和医専《しょうわいせん》の学生《がくせい》小林克己君《こばやしかつみくん》が生長《せいちょう》の家本部《いえほんぶ》へ来て御礼《おれい》を申上《もうしあ》げた。そのいうところによれば、小林君《こばやしくん》は胸《むね》を患《わずら》っていたが昨年《さくねん》の五月頃喀血《がつごろかっけつ》したのだった。医者《いしゃ》の方《ほう》では絶対安静《ぜったいあんせい》といわれて、安静療法《あんせいりょうほう》を続けていたが、或《あ》る機会《きかい》に生長の家の聖典《せいてん》『生命《せいめい》の實相《じっそう》』を読んだ。読んでいるうちに犇々思《ひしひしおも》い当《あた》ることのみであった。それで安静療法を破《やぶ》ってズンズン元気《げんき》を恢復《かいふく》し、肉体《にくたい》も次第《しだい》に肥《こ》え精力《せいりょく》、元気もついて往《い》った。しばらく学校《がっこう》を休んでいたので学年末《がくねんまつ》の試験準備《しけんじゅんび》はなかなか苦闘《くとう》であった。しかし不思議《ふしぎ》なことには試験勉強的《しけんべんきょうてき》に好《よ》い加減《かげん》に参考書《さんこうしょ》をペラペラ披《ひら》いて、試験の前日又《ぜんじつまた》はその早朝《そうちょう》に読んでおいたところばかりが問題《もんだい》に出て、意外《いがい》の好成績《こうせいせき》で進級《しんきゅう》したのであった。その意外の好成績よりも、何故《なぜ》

頭注版㉞九九頁

昭和医専　昭和三年に上條秀介が創立した昭和医学専門学校。現在の昭和大学の前身

絶対安静　病気や怪我の重い人を、寝たままの姿勢で動かさず、外部からの刺激を避けて平静な状態を保たせる治療法

小林《こばやし》君《くん》の健康《けんこう》と精力《せいりょく》とがそんなに続くのかということの方《ほう》が昭和《しょうわ》医専《いせん》の教《きょう》授《じゅ》たちや友人仲間《ゆうじんなかま》では不思議《ふしぎ》がられているという事《こと》であった。

一切《いっさい》の生物相侵《せいぶつあいおか》すこと無《な》し

或《あ》る日《ひ》、大阪《おおさか》の杉野朝次郎氏《すぎのあさじろうし》が社用《しゃよう》で上京《じょうきょう》せられた序《つい》でに、十分間《ぷんかん》ばかり生長《せいちょう》の家本部《いえほんぶ》へ立寄《たちよ》って氏《し》の友達《ともだち》が真田虫《さなだむし》から救《すく》われた話をした。

杉野氏《すぎのし》の友人で真田虫《さなだむし》に寄生《きせい》されて苦しんでいる男の方《かた》があった。医療《いりょう》を受け、駆虫剤《くちゅうざい》を用《もち》いるのだけれども、どうも根治《こんち》しないで不快《ふかい》なこと夥《おびただ》しいのである。用便《ようべん》のたびごとに検査《けんさ》してみるとやはり真田虫《さなだむし》が混《こん》じて排泄《はいせつ》されていて、この自分《じぶん》の栄養分《えいようぶん》を吸《す》いとる吸血鬼《きゅうけつき》が腹中《ふくちゅう》に蟠居《ばんきょ》していると思うと、身体《からだ》が次第《しだい》に憔悴《しょうすい》して来ると杉野氏に訴《うった》えた。そして「君《きみ》は近頃《ちかごろ》非《ひ》常《じょう》に元気《げんき》そうになったが、羨《うらや》ましい」といった。

頭注版㉞一〇〇頁

杉野朝次郎氏 本全集第八巻「聖霊篇」上巻第三章等参照

真田虫 条虫の俗称。脊椎動物の腸に寄生する。真田紐に似ていることによる名。真田紐は太い木綿糸で平たく編んだ組紐

駆虫剤 害虫や寄生虫を駆除するための薬剤

蟠居 その辺り一帯に勢力を張っていること

杉野《すぎの》氏《し》は、真田虫《さなだむし》が寄生《きせい》して衰弱《すいじゃく》している友人《ゆうじん》にこういって談《はな》した。

「それは君《きみ》、君の身体《からだ》が衰《おとろ》えて来るのは自分《じぶん》の身体《からだ》のうちに吸血鬼《きゅうけつき》がいると思うからだ。吸血鬼だと思わないで兄弟《きょうだい》だと思いたまえ。私《わたくし》が近頃《ちかごろ》こんなに健康《けんこう》がよくなり肥《こ》えて来たのは、生長《せいちょう》の家《いえ》の教《おし》えに入《はい》って天地一切《てんちいっさい》のものと仲好《なかよ》しになることが出来《でき》たからだ。私《わたくし》は生長の家の教えに入ってから、饅頭《まんじゅう》や砂糖菓子《さとうがし》を平気《へいき》で食べながら自分の糖尿病《とうにょうびょう》を治《なお》してしまった。生長の家の教えに入るまでは私《わたくし》は糖分《とうぶん》を敵《てき》のように思って来た。だから糖分が自分を害《がい》したのだった。今《いま》はすべての物皆《ものみな》、わが兄弟だと思うようになったから、糖分も兄弟として自分を害しなくなった。君もその真田虫《さなだむし》を吸血鬼だなどと思わず、自分の兄弟だと思って調和《ちょうわ》し給《たま》え。そうしたら真田虫《さなだむし》も君を害しなくなる。何《なに》も真田虫《さなだむし》が君の腸《ちょう》の中《なか》にいたからって、君に害を与えないで益《えき》を与えたら、それで好《よ》いではないか。天地一切《てんちいっさい》の生命《せいめい》は神より出《い》でたものであるから、その実相《じっそう》を観《み》れば調和している。互《たがい》に生かし合うものばかりである。一切《いっさい》の生物《せいぶつ》その処《ところ》を得《え》て調和《ちょうわ》しているのに、それを迷《まよい》の心で観《み》るから互《たがい》に生かさないように現《あらわ》れるのだ。今日《きょう》から真田虫《さなだむし》を自分《じぶん》の敵《てき》だと思うことを止《や》めたまえ。今《いま》まで君《きみ》から真田虫《さなだむし》が栄養《えいよう》を奪《うば》っていたのが、アベコベに君の腸《ちょう》にたまる悪いものばかりを食べてくれて、適当《てきとう》な時期《じき》に腸外《ちょうがい》に持って出てくれ、君の腸内《ちょうない》に毒素《どくそ》が溜《たま》らぬようになったら真田虫《さなだむし》がいくらいたとて好《よ》いじゃないか。」

杉野氏《すぎのし》のこの話をきいて、その友人《ゆうじん》は豁然《かつぜん》として悟《さと》った。彼《かれ》はもう検便《けんべん》することを止《や》めたし、真田虫《さなだむし》などいてもいなくてもそんなことは問題《もんだい》ではなかった。一切の生物その所《ところ》を得《え》て相侵《あいおか》すものなき生命《せいめい》の実相《じっそう》が悟れたからであった。彼の健康《けんこう》は回復《かいふく》して寄生《きせい》しているはずの真田虫《さなだむし》は、もう決《けっ》して害《がい》を与えなかった。

就職《しゅうしょく》も心のまま

樺太《からふと》の名寄村《なよりむら》で村長《そんちょう》をしていたことのある木内重緒氏《きうちしげおし》が或《あ》る日《ひ》谷口先生《たにぐちせんせい》にこんな話をした。

「私《わたくし》も谷口先生と同じように、予想《よそう》した給料《きゅうりょう》より七十円昇給《えんしょうきゅう》して職業《しょくぎょう》を頂《いただ》きました。有難《ありがと》うございます。」

その話を大略述《たいりゃくの》べればこうである。氏《し》は数年前樺太《すうねんぜんからふと》からこちらへ来て以《い》来《らい》、仕事《しごと》がなくて何《なに》か仕事を得《え》たいと思っていたが、どうしても思うような職業が見つからなかった。ところが或《あ》る日新聞紙上《ひしんぶんしじょう》の『生命《せいめい》の實相《じっそう》』の広告《こうこく》に惹附《ひきつ》けられて、「生長《せいちょう》の家《いえ》」を知り、昭和《しょうわ》十年《ねん》二月《がつ》二十八日夜《にちよ》はじめて生《せい》長《ちょう》の家本部道場《いえほんぶどうじょう》へ来て、谷口先生の前《まえ》で神想観《しんそうかん》の直接指導《ちょくせつしどう》を受けたのであった。谷口先生が招神歌《かみよびうた》を唱《とな》えられて、一声気合《いっせいきあい》のような合図《あいず》をかけられる

頭注版㉞一〇二頁

樺太　北海道の北方に南北に長く連なる島。ロシア名サハリン。日露戦争の結果、明治三十八年に北緯五十度以南が日本領となった。昭和二十年にソ連の侵攻を受け、現在はロシア領に編入されている

名寄村　日本の統治時代の樺太にあった村。「名寄」は「なより」と読み、北海道の名寄(なよろ)とは読み方が異なる

七十円　現在の約十四万～二十一万円に相当する

大略　おおよそ。概略

と、不思議《ふしぎ》に自分《じぶん》の心がパッと明るくなり、同時《どうじ》に周囲《しゅうい》の世界《せかい》が明るくなったような霊感《れいかん》を得《え》た。

するとその翌日《よくじつ》、樺太《からふと》から木内重緒《きうちしげお》氏に電報《でんぽう》が来た。昨夜《さくや》、突然《とつぜん》きまったもののように産業組合《さんぎょうくみあい》を造《つく》るについて月給《げっきゅう》は五十円《えん》で是非《ぜひ》樺太《からふと》へ来て欲しいというのであった。木内氏《きうちし》は承諾《しょうだく》の返事《へんじ》を出すと、その翌日また電報が来て、別《べつ》にもう一《ひと》つ組合を造るについて、その方《ほう》も兼任《けんにん》にしてもらえばその方《ほう》から別に五十円出すというのであった。

しばらくしてから樺太《からふと》から手紙《てがみ》がついた。それには詳細《しょうさい》の事情《じじょう》が書いてあって、結局月給合計《けっきょくげっきゅうごうけい》百二十円支給《しきゅう》されることになったのであった。

昇給《しょうきゅう》して復職《ふくしょく》

昭和《しょうわ》十年《ねん》四月中旬《がつちゅうじゅん》のある日《ひ》、多勢《おおぜい》の求道者《ぐどうしゃ》の中《なか》から谷口先生《たにぐちせんせい》に進《すす》み寄《よ》っ

五十円 現在の約十万〜十五万円に相当する

頭注版㉞一〇三頁

て御礼《おれい》を申述《もうしの》べる者《もの》があった。

「私《わたくし》は片岡《かたおか》と申《もう》すものであります。昨年胸《さくねんむね》の病《やまい》に冒《おか》されまして、当時勤《とうじつと》めておりましたスイスのボールベアリングの会社《かいしゃ》を退職致《たいしょくいた》しました。その後《ご》完全《かんぜん》に治《なお》り切《き》らずに、ぶらぶら致《いた》しておりましたが、昨年十月《がつ》はじめて神戸《こうべ》駅前《えきまえ》の加藤旅館《かとうりょかん》で先生《せんせい》のお話を承《うけたまわ》り心機一転致《しんきいってんいた》しまして、『生命《せいめい》の實相《じっそう》』を読ませて頂《いただ》き、いよいよ『病本来無《やまいほんらいな》し』と悟《さと》りまして、爾来《じらい》いよいよ本当《ほんとう》に健康《けんこう》を回復致《かいふくいた》しました。ところが最初《さいしょ》は少々《しょうしょう》の貯《たくわ》えもありましたが、その中療養《うちりょうよう》と生活費《せいかつひ》に使いはたし、親《おや》から仕送《しおく》りを受けまして生活致《せいかついた》しておりましたが、今年《ことし》の一月、私の親が『いつまでも生活費を補助《ほじょ》していても切りがないから、お前《まえ》も既《すで》に健康になったことであるから、一体《いったい》いつまで補助したらよいのかハッキリいって欲《ほ》しい』というのでした。その頃《ころ》はもう私《わたくし》は『生命《せいめい》の實相《じっそう》』を読まして頂き、神の無限供給《むげんきょうきゅう》ということを悟っておりましたから、別《べつ》に驚《おどろ》きませんでした。何《なん》ということなしに『三月まで補助し

ボールベアリング ball bearing 回転軸と軸受との間に鋼鉄製のボールを挟んで回転軸の受ける摩擦を小さくしたもの。玉軸受

心機一転 心持ちがすっかり変わること

爾来 それ以来

て頂《いただ》いたらアトは好《よ》い』という気が致《いた》しましたので、こう申《もう》しました。すると三月下旬《がつげじゅん》、大阪《おおさか》の自動車製作会社《じどうしゃせいさくがいしゃ》ゼネラルモーターズから採用《さいよう》すると申して来ましたのです。それからもう三日《みっか》ほどすると、以前勤《いぜんつと》めておったスイスのボールベアリングの会社《かいしゃ》から、「来て欲しいから、就職志願書《しゅうしょくしがんしょ》を出せ」といって来ましたのです。両方《りょうほう》から一時《いちじ》に採用するといって来まして、心が変《かわ》れば環境《かんきょう》が変《かわ》る、心が神に一致《いっち》すれば無限供給《むげんきょうきゅう》であるということも明《あき》かになって来ました。さてそのボールベアリングの会社は東京《とうきょう》にあるのでございますが、私《わたくし》は以前《いぜん》から『生長の家本部《せいちょうのいえほんぶ》』のある東京へ就職《しゅうしょく》するようになりたいと祈《いの》っておったのでございますから、ボールベアリングの会社の方《ほう》へ就職することに致《いた》しました。」

「成《な》る程《ほど》、それは誠《まこと》に好都合《こうつごう》でしたねえ」と谷口先生《たにぐちせんせい》は被仰《おっしゃ》った。

その紳士《しんし》は言葉をついで「その就職が丁度《ちょうど》、先生《せんせい》の就職せられました時《とき》と同じように、こちらから書いた志望給料《しぼうきゅうりょう》よりも余計支給《よけいしきゅう》されるように

ゼネラルモーターズ 米国のデトロイトに本社のある自動車会社。一九〇八年にデュラントが設立した。日本には大正十四年に大阪に組立工場が置かれた

なったのでございます。実《じつ》は私《わたくし》はもう半年《はんとし》以上《いじょう》も会社《かいしゃ》を止《よ》していたのですから、志望給料《しぼうきゅうりょう》も前給料《ぜんきゅうりょう》より安く出さねば採用《さいよう》にならないと思いましたが、志願用紙《しがんようし》の前給料欄《ぜんきゅうりょうらん》に前給料を正直《しょうじき》に書き、志望給料欄《しぼうきゅうりょうらん》にも同額《どうがく》を書いておきました。ところが、その就職志願書《しゅうしょくしがんしょ》を受取《うけと》った主任《しゅにん》の人《ひと》が、私《わたくし》の前給料欄の数字《すうじ》をインキ消しで消し、二十円《えん》高く書き、志望給料欄の数字を、これもインキ消しで消し十円高く書いて、西洋人《せいようじん》の総支配人《そうしはいにん》のところへ出してくれたのです。『オーライ』と西洋人の総支配人は承諾《しょうだく》してくれまして、半年以上も休んでいましたのに却《かえ》って以前《いぜん》よりも昇給《しょうきゅう》して雇《やと》われることになりました。まことに我《われ》らの実相《じっそう》は神の子であって、無限供給《むげんきょうきゅう》であることを悟《さと》らして頂《いただ》きまして有難《ありがと》うございます」と御礼《おれい》を申上《もうしあ》げた。

二十円　現在の約四万円〜六万円に相当する
十円　現在の約二万円〜三万円に相当する
オーライ　All right　よろしい

神の供給《きょうきゅう》を拒《こば》むな

病気治《びょうきなお》しの霊力《れいりょく》の強い人《ひと》は、ややもすれば金銭《きんせん》に対《たい》して潔癖《けっぺき》である。潔癖は生長《せいちょう》の家《いえ》では、本来浄穢《ほんらいじょうえ》ありとして捉《とら》われている相《すがた》であるとして忌《い》まれているのである。神は無限供給《むげんきょうきゅう》であり、吾《われ》らは神の世嗣《よつぎ》であるから、無限《むげん》の富《とみ》は吾《われ》らに既《すで》に与えられているということを悟《さと》るのが生長の家の信仰《しんこう》なのである。

村山《むらやま》さんは金銭に対して潔癖であったが、人の病気《びょうき》を治《なお》すのに堪能《かんのう》であった。病気を治《なお》してあげて謝礼《しゃれい》でも頂《いただ》くと穢《きたな》いものを受取《うけと》ったかのように突返《つっかえ》して、僅《わず》かばかりの借家《しゃくや》が良人《おっと》の遺産《いさん》として残されたのを、その借家の家賃《やちん》によって生活《せいかつ》を維持《いじ》しているのであった。ところがこのほとんど一年間《ねんかん》、一軒《けん》の借家人《しゃくやにん》から家賃をくれないのであった。どうしたらその借家人が家賃を

頭注版㉞一〇五頁

ややもすれば　ともすると。どうかすると

潔癖　少しのきたならしさをも嫌う性質

浄穢　清浄なものとけがれたもの

堪能　深く達して上手なこと。「たんのう」は慣用読み

くれるだろうかと村山《むらやま》さんが谷口先生《たにぐちせんせい》にお尋《たず》ねしたとき、谷口先生はこう被仰《おっしゃ》った。

「あなたが経済的《けいざいてき》に行詰《ゆきつま》るのは、あなたのお心が潔癖《けっぺき》で狭《せま》くて、折角無限《せっかくむげん》の富《とみ》が流《なが》れ込《こ》んで行《ゆ》こうとしているのを堰《せ》きとめている形《かたち》です。あなたは人《ひと》の病気《びょうき》を治《なお》したお礼《れい》に謝礼《しゃれい》を出されると、穢《きたな》いものを受けるようにそれを謝《しゃ》絶《ぜつ》して受取らないでしょう。この心には傲慢《ごうまん》と潔癖《けっぺき》とがあるのです。お礼《れい》を受取《うけと》らないのは、『私はお前《まえ》に与えるばかりで少しも受取《うけと》っていないぞ。私《わたくし》はお前に恩《おん》を施《ほどこ》したぞ』と半《なか》ば傲慢に威張《いば》りたいような自尊心《じそんしん》があるのです。だから一方《いっぽう》で家賃《やちん》を取立《とりた》てる場合《ばあい》には、どうかして取立《とりた》てたいと思う。それは権利《けんり》として要求《ようきゅう》するので自尊心を傷《きず》つけないと思っているのです。しかしこれは狭《せま》い心です。本当《ほんとう》に自由《じゆう》な心とは、持って来るものは喜《よろこ》んで受け、払《はら》えない者《もの》からは取立《とりた》てない心です。出ない鉱山《こうざん》をいくら掘《ほ》ってみても仕方《しかた》がない。出る鉱山から掘り出す心が融通自在《ゆうずうじざい》の心というものです。

謝絶　断ること。拒むこと

傲慢　驕り高ぶって人を侮り見下すこと

融通自在　物事を必要に応じて思いのままに処理すること

そういう心になんなすったら、あなたは自然《しぜん》に経済《けいざい》の道《みち》が豊《ゆた》かに拓《ひら》けて来ますでしょう。」

村山《むらやま》さんは成《な》る程《ほど》と思った。するとその日《ひ》に出したらしい日附《ひづけ》で、先達《せんだっ》て来《らい》、家賃《やちん》の取立《とりたて》を頼《たの》んである三百代言《さんびゃくだいげん》から、「事件落着《じけんらくちゃく》したから、御序《おつい》での節《せつ》お立寄《たちより》を乞《こ》う」との端書《はがき》を受取《うけと》った。

村山さんが、借家《しゃくや》の管理人《かんりにん》のところへ立寄《たちよ》ると、管理人はそこへ二百円《えん》の紙幣《しへい》を出した。そして「今日《きょう》は借家人《しゃくやにん》が滞納《たいのう》していた家賃全部《やちんぜんぶ》をくれたから、これをどうぞお持ち帰り下《くだ》さい」といった。

「いくら御礼《おれい》を差上《さしあ》げましょう?」と村山さんはいったが、不思議《ふしぎ》にその時《とき》、三百代言《さんびゃくだいげん》にも仏性《ぶっしょう》が顕《あらわ》れているかして、「御礼《おれい》は要《い》りません」というのであった。

「だけど、それではお世話《せわ》をかけて申訳《もうしわけ》ありませんから、どうぞ御礼《おれい》はお幾《いく》ら差上《さしあ》げたら宜《よろ》しゅうございますか被仰《おっしゃ》って下《くだ》さい」と村山さんはいっ

三百代言　代言人（弁護士）の資格がなくて他人の訴訟や談判などを扱った者。「三百」は「三百文（もん）」の意で価値の低いこと。また、弁護士をののしっていう語

端書　葉書

二百円　現在の約四十万～六十万円に相当する

た。

「それじゃア、普通家賃《ふつうやちん》の取立《とりた》てた金額《きんがく》の五分《ぶ》を貰《もら》うことになっていますから、十円だけ頂《いただ》きましょう」と三百代言《さんびゃくだいげん》は答えた。

村山《むらやま》さんは自分《じぶん》の心が無限供給《むげんきょうきゅう》を悟《さと》ったら、悟った直《す》ぐその日《ひ》に家賃はくれるし、取立《とりた》てた家賃の半分位《はんぶんぐらい》はくれといいそうな三百代言《さんびゃくだいげん》が、謝礼《しゃれい》は要《い》らぬといったことなどを思い出すと、不思議《ふしぎ》に思えるのであった。

しかし村山さんは持って生《うま》れた潔癖《けっぺき》で、ともすると病気《びょうき》を治《なお》してあげた人《ひと》から頂く謝礼を突返《つっかえ》すことがあった。或《あ》る時《とき》、医薬《いやく》で治《なお》らない病人《びょうにん》が郷里《きょうり》の青森県《あおもりけん》から訪《たず》ねて来て村山さんから真理《しんり》の話を聴《き》き思念《しねん》を受けると速《すみ》やかに治《なお》ってしまった。その病人は青森県へ帰ってから謝礼の金《かね》を為替券《かわせけん》で送って来た。村山さんはそれをまた手紙《てがみ》で送り返した。「そんなモノを受けるような汚《けが》れた自分《じぶん》ではない」というような、妙《みょう》な自尊心《じそんしん》がいつの間《ま》にか村山さんの心の中《なか》に頭《あたま》を擡《もた》げているのであった。青森のその知人《ちじん》からは謝礼を突《つ》き返《かえ》

五分　五パーセント

為替券　現金の代わりに送金する手形や証書

したことを大変憤慨《たいへんふんがい》した手紙《てがみ》が来ていた。

来《く》る物《もの》を拒《こば》むような村山《むらやま》さんの心が起《おこ》ると同時《どうじ》に、誰《たれ》からも経済的《けいざいてき》な流れが村山さんに這入《はい》って来なくなった。村山さんは又《また》経済的に苦しくなった。こんな時《とき》、頼《たよ》るところは村山さんはただ権利《けんり》として請求《せいきゅう》し得《う》る例《れい》の家賃《やちん》の取立《とりた》てであった。またその後半年《のちはんとし》位《ぐらい》たまっていた家賃を支払《しはら》ってくれないのであった。村山さんはまたあれ以来《いらい》、借家《しゃくや》の管理《かんり》を頼《たの》んである三百代言《さんびゃくだいげん》のところへ家賃を取立《とりた》ててくれるように頼《たの》みに往《い》った。

「奥《おく》さん、本当《ほんとう》にそんなにあなたは経済《けいざい》にお困《こま》りなんですか？」と三百代《さんびゃくだい》言《げん》は言った。

「ええ、本当に困っておりますの。」

「それじゃ、家賃の入《はい》るまで私《わたくし》が貸《か》してあげましょう。」

こう三百代言《さんびゃくだいげん》はいって次の部屋《へや》へ立って行った。

村山さんは、今《いま》に三百代言《さんびゃくだいげん》が自分《じぶん》に金《かね》を貸《か》してくれるかと思うと、その金《かね》が汚《よご》れたもののように思えてならなかった。いよいよもう耐《たま》らなくなって、村山《むらやま》さんは三百代言《さんびゃくだいげん》が次の部屋《へや》から出て来ない間《あいだ》に、その家《いえ》を挨拶《あいさつ》もせず逃《に》げ出《だ》してしまった。

その頃《ころ》、村山さんが人々《ひとびと》の病気《びょうき》治《なお》しに歩いていると、その留守宅《るすたく》に泥棒《どろぼう》が入《はい》って、箪笥《たんす》をほとんどカラにして去った。

村山さんは谷口先生《たにぐちせんせい》に相談《そうだん》に来た。

「やっぱり、あなたは流《なが》れ入《い》るのを拒《こば》む心を有《も》っていましたな」と谷口先生は被仰《おっしゃ》った。「形《かたち》の世界《せかい》は心の世界の影《かげ》ですから、あなたが、神の無限供給《むげんきょうきゅう》を信じていられて、今後《こんご》それを拒《こば》む心を起《おこ》さなければ、盗《ぬす》まれたよりももっと多くが這入《はい》って来ます。今後決《けっ》して神の無限供給を拒《こば》む心を起《おこ》しなさるなよ」と優《やさ》しくいわれた。

それから後《のち》、村山さんは以前《いぜん》よりも却《かえ》って良《よ》い服装《ふくそう》をして歩いていた。そして或《あ》る日谷《ひ》口先生のところへ来て、

「先生《せんせい》、今度《こんど》こそは神様《かみさま》の無限供給《むげんきょうきゅう》ということが判《わか》りました。私《わたくし》が拒《こば》まない心を有《も》ったとき、盗《ぬす》まれたよりも多くの見舞《みまい》の衣類《いるい》が集《あつま》って来て、以前《いぜん》よりも衣裳持《いしょうもち》になりました」といった。

「その心をお忘れなさるな」と谷口先生《たにぐちせんせい》は優《やさ》しくお言いになった。「失《うしな》われたと思うときは一層《いっそう》多くなる一瞬前《いっしゅんまえ》であり、最暗黒《さいあんこく》だと思うときは一層明るくなる一瞬前なのです。」

材木《さいき》さんの護符《ごふ》

昭和《しょうわ》十年《ねん》四月《がつ》二十五日《にち》、材木信治氏《さいきしんじし》が谷口先生《たにぐちせんせい》を訪《おとず》れてこんな話をした。

「四月七日《なのか》私《わたくし》は和服《わふく》を着《き》て袂《たもと》の財布《さいふ》に、今両替《いまりょうがえ》したばかりの銀貨《ぎんか》十円を入れて、袂《たもと》をブラブラして歩きました。すると掏摸《すり》にその財布《さいふ》を掏《す》られました。神は無限供給《むげんきょうきゅう》であるから失われた時《とき》は一層《いっそう》多く入《はい》る前《まえ》だと思っていま

衣裳持　衣服をたくさん持っていること。また、その人

頭注版㉞一一〇頁

護符　御守り

袂　和服の袖の下の袋のようになった部分

すと、しばらくすると、思わぬ所《ところ》から百円入《えんはい》って来ました。十円失ったときは、百円入るときの前《まえ》だったのです。それから後《のち》、私《わたくし》はまた袂《たもと》に五十円入れた蟇口《がまぐち》を入れて歩いておりましたら、それも掏《す》られてしまいました。すると間《ま》もなく思わぬ処《ところ》から五百円入って来ました。十倍《ばい》になって流《なが》れ入《い》って来るのですから、もう一度《ど》掏《す》られたら好《よ》いと思って袂《たもと》に今《いま》も蟇口《がまぐち》を入れて歩きますがまだそれは掏《す》られません」と材木《さいき》さんはアトは冗談《じょうだん》をいって呵々《かか》と笑った。そして懐《ふところ》から出して、一冊《さつ》の古びて皺《しわ》だらけになったパンフレットを見せた。それは光明叢書《こうみょうそうしょ》の『無限供給《むげんきょうきゅう》を受くる道《みち》』という一冊であった。

「これを私《わたくし》は常《つね》に護符《ごふ》として懐中《かいちゅう》して歩いているんですからねえ。」こういって材木信治氏《さいきしんじし》は哄々《こうこう》と朗《ほが》らかに笑った。

百円　現在の約二十万〜三十万円に相当する

五百円　現在の約百万〜百五十万円に相当する

呵々　大声で笑うさま

光明叢書　『生命の實相』の内容の一部を抜き出した小冊子のシリーズ。「生長の家叢書」と共に一冊五銭または十銭の廉価で頒布し、生長の家の教えの普及に寄与した

『無限供給を受くる道』　光明叢書第九篇。副題「貧困を征服し各人悉く物質無限供給を受くる道」

哄々　大声で笑うさま

仏教《ぶっきょう》と生長《せいちょう》の家《いえ》の一致《いっち》を知る

頭注版㉞一一一頁

昭和《しょうわ》六年《ねん》十月十日《がつとおか》富山県《とやまけん》の梶喜一郎《かじきいちろう》氏《し》はこんな話をした。

「私《わたくし》は在来《ざいらい》から熱心《ねっしん》な真宗信者《しんしゅうしんじゃ》でありましたが、偶々《たまたま》『生命《せいめい》の實相《じっそう》』を拝読《はいどく》する機会《きかい》を得《え》まして、真宗《しんしゅう》の本当《ほんとう》の教《おし》えは、これだと感嘆《かんたん》しまして、早速生長《さっそくせいちょう》の家本部《いえほんぶ》へ修行《しゅぎょう》にまいりましたわけです。しかし『生命《せいめい》の實相《じっそう》』を読んでいますと、処々《ところどころ》に『神』という文字《もんじ》が使ってあります。自分《じぶん》は仏教信者《ぶっきょうしんじゃ》ですから『仏《ほとけ》』という語《ことば》はピッタリ致《いた》しますけれども、『神』というと何《なん》だか別《べつ》の信仰《しんこう》に変《へん》じたようで仏様《ほとけさま》に済《す》まないような気がして落著《おちつ》きませんでした。ところが六月三日軍人会館《みっかぐんじんかいかん》の御講演《ごこうえん》を拝聴《はいちょう》にまいりますと、谷口先生《たにぐちせんせい》の御顔《おかお》が、予感《よかん》していた顔《かお》とは別《べつ》の冠《かんむり》を被《かぶ》った仏像《ぶつぞう》のように見えたのです。ところが翌朝《よくあさ》生長の家本部をお訪《たず》ねしまして、ふと先生《せんせい》の上《うえ》に掛《かか》

軍人会館　昭和九年に在郷軍人会の主導により東京の九段に竣工した施設。昭和三十二年に九段会館に改称

っている額《がく》の写真《しゃしん》を見ますと、その写真に映《うつ》っている人物《じんぶつ》こそ軍人会館《ぐんじんかいかん》で講《こう》演《えん》していた人《ひと》なのです。それで私《わたくし》は早速谷口先生《さっそくたにぐちせんせい》に『この写真はどなたの写真ですか』と尋《たず》ねました。すると谷口先生は『これはお釈迦《しゃか》さまの写真です』といわれました。その時 私《ときわたくし》は釈然《しゃくぜん》として仏教《ぶっきょう》と生長《せいちょう》の家《いえ》とは同じものである事《こと》を知ったのです。谷口先生の御講演中《ごこうえんちゅう》、先生《せんせい》のお顔《かお》が見知らぬ人の顔に見え、あとでその人の写真を見て釈迦《しゃか》の像《ぞう》だと判《わか》ったのですから、仏教は即《すなわ》ち谷口先生の教《おし》えと判《わか》ったのでありますから。」

（註《ちゅう》）この釈迦像《しゃかぞう》の写真は、生長《せいちょう》の家誌友《いえしゆう》、当時東京市渋谷区青山《とうじとうきょうししぶやくあおやま》四丁目に住んでいた写真師《しゃしんし》の山本 明《やまもとあきら》さんが支那《しな》の大同《だいどう》の石仏像《せきぶつぞう》をたくさんカメラに収《おさ》めて帰られ、その中《なか》で最《もっと》もよく出来《でき》た釈迦像《しゃかぞう》を拡大《かくだい》して谷口《たにぐち》先生《せんせい》に贈《おく》られたものである。支那《しな》にあった原形《げんけい》は既《すで》にくずれてしまって無《な》いそうですが、像《ぞう》そのものは非常《ひじょう》によく出来《でき》ていて、支那《しな》に於《お》ける国宝的存在《こくほうてきそんざい》だったそうである。

釈然 迷いや疑いが解けてすっきりとすること

山本明さん 写真家。編著書に『悉曇旧跡図彙・雲崗石窟』『龍門石窟』、共著に『大同石仏寺』『雲崗石窟』などがある

大同の石仏像 現在の中華人民共和国山西省大同市にある。北魏が断崖面を利用して掘削した洞窟形式の東西約一キロメートルにわたる石窟寺院の仏像。「雲崗石窟（うんこうせっくつ）」の名でユネスコの世界文化遺産に登録されている

なお梶《かじ》喜《き》一郎《いちろう》氏《し》は三十年来《ねんらい》、左の耳が難聴《なんちょう》で電話《でんわ》が聞《きこ》えないために、電話できながら右手で筆記《ひっき》などをする場合大変不便《ばあいたいへんふべん》を感《かん》じていられたのであるが、その日《ひ》の谷口先生《たにぐちせんせい》の講演《こうえん》を機縁《きえん》としてその難聴が治《なお》ってしまって、自《じ》由《ゆう》に左耳に受話器《じゅわき》を当て、右手で通話《つうわ》を筆記し得《う》るようになったと非常《ひじょう》に喜《よろこ》んでいられた。

聴講中神姿《ちょうこうちゅうしんし》を見る

その翌日《よくじつ》、一人《ひとり》の洋服《ようふく》の紳士《しんし》が道場修行者《どうじょうしゅぎょうしゃ》の後方《こうほう》から起上《たちあが》って、「先生《せんせい》の講演会中《こうえんかいちゅう》に私《わたくし》が出会《でくわ》しました奇蹟《きせき》を申上《もうしあ》げます」といって語《ことば》を続けた。

「実《じつ》は、私《わたくし》は六月《がつ》四日《よっか》の第《だい》二回目《かいめ》の講演《こうえん》にまいりまして聴講致《ちょうこういた》しておったのですが、三十分《ぷん》ばかり先生の講演を聴《き》いていますと、突然両眼《とつぜんりょうがん》から止《と》め度《ど》もなく涙《なみだ》がこぼれてまいりました。嬉《うれ》しいのか、悲しいのか、感激《かんげき》したの

機縁　きっかけ。縁

頭注版㉞一一二頁

か、潸々《さんさん》として涙《なみだ》が止《と》め度《ど》もなく流れ出るので、周囲《しゅうい》に対《たい》しきまりが悪くてポケットからハンカチを出して拭《ふ》き拭きするのでございましたが、どうしてもその涙が止まらないのです。十分間位《ぷんかんぐらい》、涙をハンカチで拭き拭きしていましたら辛《や》っと涙が止まったので演壇《えんだん》の方《ほう》を見ますと、谷口先生《たにぐちせんせい》が講演《こうえん》していられる——向《む》かって右手の一尺《しゃく》ばかり下のところに一人《ひとり》の神様《かみさま》が立っていて、谷口先生が右を向いたら、その神様も右を向く、谷口先生が左を向いたら、その神様も左を向く。同じような身振《みぶ》り手真似《てまね》をしていられるのです。それは必《かなら》ずやいつも現《あらわ》れられるという生長《せいちょう》の家《いえ》の神様であって、顎《あご》には必《かなら》ず白髯《しろひげ》があるであろう、こう思って眼《め》を瞠《みは》ってその白髯《しろひげ》を見ようとしても、髯《ひげ》はどうしても見当《みあ》たらないのでございます。それどころか予想《よそう》していたような顔《かお》とも服装《ふくそう》とも全然《ぜんぜん》ちがう。サンタクロースのように眉《まゆ》は白く長く、まっ白な口髭《くちひげ》が長岡将軍《ながおかしょうぐん》のように顔の輪郭《りんかく》の外にウンと長く張《は》り出《だ》しているのです。頭《あたま》には、トルコ帽《ぼう》のような鍔《つば》もなにもない帽子《ぼうし》だか冠《かんむり》だかをつけて

潸々　はらはらと涙を流すさま。さめざめと泣く

一尺　尺貫法の長さの単位。約三〇・三センチメートル

長岡将軍　長岡外史。安政五～昭和八年。陸軍中将、衆議院議員。日清戦争に従軍、日露戦争では大本営陸軍部参謀次長を務めた。正三位勲一等功二級。日本にスキーを紹介、日本の航空界の振興への寄与、長い白髭などでも知られる

トルコ帽　円錐台形でつばのないフェルト帽

いられます。着物《きもの》は緑色《みどりいろ》で、神々《こうごう》しいというよりもお伽噺《とぎばなし》の中《なか》の長老《ちょうろう》というような感《かん》じでした。あまり印象《いんしょう》がハッキリしているので、帰ってからその姿《すがた》をちょっと描《か》いてみまして、色彩《しきさい》も、子供《こども》の絵《え》の具《ぐ》を借《か》りて不完全《ふかんぜん》ながら塗《ぬ》ってみました。先生《せんせい》にお眼《め》にかけたいと思います。」

「どうぞ」と谷口先生《たにぐちせんせい》は被仰《おっしゃ》った。

画用紙《がようし》の巻《ま》いたものが先生の方《ほう》へ順渡《じゅんわた》しに送って行《ゆ》かれた。

「この姿は、私が石橋《いしばし》さんのユーモアのある話をしている時《とき》に現《あらわ》れられたでしょう」と谷口先生は被仰《おっしゃ》った。

「そうでございます。先生が三十分《ぷん》ばかり講演《こうえん》せられて石橋さんの話になる頃《ころ》から見え、石橋さんの話を終《おわ》って『もう一《ひと》つ実例《じつれい》を話してこの講演を終《おわ》ることに致《いた》します』といわれますと、スッと消えてしまいました。」

「あなたの御名前《おなまえ》は何《なん》と被仰《おっしゃ》います?」と谷口先生は被仰《おっしゃ》った。

「大山晶平《おおやましょうへい》と申《もう》します。まだ極《ごく》新しい誌友《しゆう》です。私《わたくし》はあまり度々《たびたび》伺《うかが》いませ

石橋さん　生長の家草創期の詩友の石橋貫一氏を指すと思われる。本全集第二十九巻「宗教問答篇」中巻第四章、第三十巻「宗教問答篇」下巻第七章等参照

大山晶平　生長の家本部理事などを務めた。著書に昭和四十二年、日本教文社刊『道はひらける』がある

んが、家内《かない》は度々《たびたび》、お邪魔《じゃま》をさせて頂《いただ》いています。天下《てんか》一の癇癪持《かんしゃくもち》だったのが治《なお》ったというのは私《わたくし》です」と朗《ほが》らかな調子《ちょうし》でいった。一座《いちざ》の人々《ひとびと》も朗《ほが》らかに哄々《こうこう》と笑った。

癇癪持　少しのことで激しく怒り出す性質

第五十四巻索引

＊頻度の多い項目は、その項目を定義、説明している箇所を主に抽出した。
＊関連する項目は→で参照を促した。
＊一つの項目に複数の索引項目がある場合は、一部例外を除き、一つの項目にのみ頁数を入れ、他の項目には→のみを入れ、矢印で示された項目で頁数を確認できるよう促した。（例　「自由な心」「夫婦の道」等）

〔あ〕

〔い〕

〔う〕

〔え〕

〔お〕

〔き〕

〔く〕

〔け〕

〔こ〕

〔す〕

〔せ〕

〔に〕

〔ね〕

〔の〕

〔は〕

〔ひ〕

〔ふ〕

〔へ〕

〔ほ〕

〔ま〕

〔み〕

箴言・真理の言葉

これを知らねばなりません。吾々の徳というものは既に吾が実相の中にあるのです。吾が実相が神であって、その中に万徳が既に備わっているのです。一つ一つの行為の徳はこの「実相の万徳」の顕現に過ぎないのです。だから吾々の徳というものは滅ぼそうと思っても滅びるものではないのです。それを知れば本当に明るい無畏(むい)の世界に出られるのです。 35

新編《しんぺん》 生命《せいめい》の實相《じっそう》 第五十四巻 道場篇《どうじょうへん》

弁道《べんどう》聴《き》き書《が》き (上)

令和五年二月一日 初版発行

著 者 谷口雅春《たにぐちまさはる》

責任編集 公益財団法人 生長の家社会事業団
谷口雅春著作編纂委員会

発行者 白水春人

発行所 株式会社 光明思想社
〒一〇三―〇〇〇四
東京都中央区東日本橋二―二七―九 初音森ビル10F
電話〇三―五八二九―六五八一
郵便振替〇〇一二〇―六―五〇三〇二八

装 幀 松本 桂
本文組版 ショービ
印刷・製本 凸版印刷
カバー・扉彫刻 服部仁郎作「神像」©Iwao Hattori,1954

ISBN978-4-86700-036-6

光明思想社の本

第三十三巻	自伝篇	神示を受くる迄（下）
第三十四巻	聖詩篇	生長の家の歌
	聖語篇	智慧の言葉
第三十五巻	経典篇	聖経『甘露の法雨』講義
		聖経『天使の言葉』講義（上）
第三十六巻	経典篇	聖経『甘露の法雨』講義
		聖経『天使の言葉』講義（下）
第三十七巻	常楽篇	久遠常楽の生活
	参考篇	心が肉体に及ぼす力
第三十八巻	質疑篇	真理の応用及び拾遺
第三十九巻	教育実践篇	人間を作る法（上）
第四十巻	教育実践篇	人間を作る法（中）
第四十一巻	教育実践篇	人間を作る法（下）
第四十二巻	久遠仏性篇	常楽宗教の提唱（上）
第四十三巻	久遠仏性篇	常楽宗教の提唱（中）
第四十四巻	久遠仏性篇	常楽宗教の提唱（下）
	真理体験篇	近眼・色盲等は治るか
第四十五巻	女性教育篇	母・妻・娘の聖書（上）
第四十六巻	女性教育篇	母・妻・娘の聖書（下）
第四十七巻	児童教育篇	子供への光

第四十八巻	聖典講義篇	山上の垂訓の示す真理
第四十九巻	宗教戯曲篇	耶蘇伝・釈迦と維摩詰・月愛三昧（上）
第五十巻	宗教戯曲篇	耶蘇伝・釈迦と維摩詰・月愛三昧（中）
第五十一巻	宗教戯曲篇	耶蘇伝・釈迦と維摩詰・月愛三昧（下）
第五十二巻	随喜篇	把住と放行（上）
第五十三巻	随喜篇	把住と放行（下）
第五十四巻	道場篇	弁道聴き書き（上）
（以下続刊）		
第五十五巻	道場篇	弁道聴き書き（下）
第五十六巻	下化衆生篇	哲学の実践
第五十七巻	幸福生活篇	幸福生活への根本真理
第五十八巻	功徳篇	宝樹華果多し
第五十九巻	幸福篇	日輪めぐる（上）
第六十巻	幸福篇	日輪めぐる（中）
第六十一巻	幸福篇	日輪めぐる（下）
第六十二巻	仏教篇	いのちの解脱（上）
第六十三巻	仏教篇	いのちの解脱（下）
第六十四巻	家庭教育篇	家庭と教育の基礎（上）
第六十五巻	家庭教育篇	家庭と教育の基礎（下）

定価各巻　1,676円（本体1,524 円+税10%）

定価は令和五年一月一日現在のものです。品切れの際はご容赦ください。

小社ホームページ　http://www.komyoushisousha.co.jp/